Trajectories from Ethnology

人＝間の人類学
内的な関心の発展と誤読

中野麻衣子＋深田淳太郎……共編

まえがき

本書は、内堀基光先生から教えを受けた学生の有志による論文集である。本書のタイトル「人＝間の人類学（じんかんのじんるいがく）」は、内堀（以下、敬称は略する）の目指す人類学が何より、人間存在の根源的な成り立ちを明らかにすることに向けられており、また、その方法論として、人や「もの」のあいだの関係のありようを問うことを一貫して重視していることに因んでいる。また副題にある「内的関心」とは、個別の問題設定を方向付け、それへの接近方法を形作る、いわばメタレベルに位置する関心を意味している。「人＝間の人類学」とは、この内的関心のあり方を一言でまとめたものである。もっとも、内堀自身が自らの学問をこのように総括したわけではない。内堀の著した諸々の論考、あるいは、ゼミや講義での語り口や手振りを振り返った時に、上に述べたような在りようが示されているのをわたしたちが見て取り、それを仮に名づけてみたのである。

内堀自身の具体的な研究は、時間軸に沿って「死」「民族」「もの」という三つのテーマを軸に展開してきた。これらのテーマの背後には共通して、「もの」と「もの」、人と「もの」、あるいは人と人が「接合」し「関係」しあうこと、そしてそれゆえに、関係の項たる人間存在が変容していくことへのまなざしの存在を指摘できる。わたしたちも、そのような内的関心をゼミや論文指導の場を通して、多分に誤読を含みつつ共有し、各自のフィールドで展開してきた。（ここでいう誤読とは、読者の独自性なり個性を反映したものであり、同時に当初は想定されていなかった可能性をもたらすという限りで、多少とも意義あるものと考えたい。）

以上の理解を踏まえて、本書は次のような５部構成をとる。

第１部のテーマは死である。個体の死への恐怖がどのようなものとして経験され、またそれが文化的にどう乗り越えられるかというのが、内堀の研究の初期における重要なテーマであった。梅屋は、死の影におびえながら飲酒にのめり込んで行くウガンダ人エリートたちの生き様を記述することを通して、ポスト植民地期アフリカにおける現地人エリートの苦悩とジレンマに光を当てている。いわば、死を機会に露となる人の孤独の在りようを描き出している。西本は、ラオスのカントゥ社会の人々が死者の霊からの呼びかけに支配されながら社会生活を送っている様子を記述することを通して、生前身近だった人々が死後の存在に変換されることにより、不可視の世界と生者の世界を媒介する位置付けを与えられていると論じる。

内堀は、死の恐怖が、他者の死に自己の死すべき運命を見て取る人間の想像力に由来することを説いた。こうした想像力は、他者を自己に置き換えるものであり、集団を構成する契機となる。死の恐怖は、人間的な集団の構成を可能にする想像力が生み出し、同時に、その想像力は死の恐怖を乗り越える営みを可能にするものでもある。死を論じることは、個体を越えて集団構成の問題へ、本書では、２つ目のテーマである民族をめぐる想像力の問題へとつながっていく。

第２部では、民族という意識の集合性を形作る実践に焦点を合わせる。これは内堀が抽象した民族の発生／消滅の動態モデルを、「もの」と身体的実践に満たされた具体的な生活の場で検証する作業でもある。山口は、インドネシア・ブトン島のワブラ社会の巡礼儀礼をとりあげ、生活世界の諸所に見出される歴史の標識（「もの」）と、儀礼を通した歴史と秩序の再現・再確認が、自らが語る歴史の「真実さ」、さらにはワブラ人の歴史的同一性を支える根拠になっていることを論じる。渥美は、カナダの先住民サーニッチにおける、いわゆるポトラッチに相当する儀礼（スィョクゥェアム）の過程を分析し、それが勲功獲得に向けた競覇的消費であるというよりも、死者への追憶を通して人々の集合的なつながりを再確認する機会になっていることを描き出している。

第３部には、自己と他者の境界のせめぎあいを対象とする論文が収められている。人と人、人と人以外の存在物のあいだの関係を基礎づけている「関係の文法」とでもいうべきものがテーマとなる。ここでは、自己と他者や、人と人以外の存在物の関係の揺らぎに焦点が当てられる。吉田は、パプアニューギニアのアンガティーヤ社会における「心」（マァロオ）の概念を検討し、情緒がいかに分節されているのかの素描を試みている。ここでは、情緒を、他者（世界）との相互作用の中で生起する自己変容の経験として捉え、アンガティーヤにおける「自己」の成り立ちが考察される。奥野は、人間が動物をからかうと荒天に見舞われるという、ボルネオ島の狩猟民プナンの「雷複合」の観念を検討し、そこに人と動物の連続性を分節し、両者の境界を維持するメカニズムの働きを読み取っている。そして、そうしたメカニズムが人間中心主義の陥穽を回避する方略になっていると論じる。

第４部は、内堀の近年のテーマである「もの」論を扱う。中野は、インドネシアの中でもとりわけ豊かになったバリ社会を席巻する競争的消費行動（ゲンシー）を、「もの」の体系との関係に注目して分析しつつ、人々が、「もの」を自由に操作するのではなく、むしろ厳然とそこにある「もの」の秩序にしたがって消費競争を繰り広げている様を描いている。深田は、パプアニューギニアのトーライ社会における貨幣の支払い方に注目し、「もの」としての貨幣の特質とその取り扱いの実践を通して、記号・象徴としての貨幣があらわす価値の秩序がリアルなものとして実演・生成されることを論じている。両論考を通じて主張されるのは、「もの」が人の意思によって容易に制御できるようなものではなく、むしろ「もの」との不断の交渉から生成される世界の中で人は生きていかざるをえないということである。

第５部のテーマは接合である。人と人、人と「もの」が関係するということは、人がたまたま居合わせて、共有する場を作り上げ、そして再びその場を離れ、あらたな関係の網の目の中に入っていく過程として理解できる。関係の存在は、不確定性＝未来への開放性を伴う事態なのである。本書のタイトル「人＝間の人類学」の「間」は、まさに関係が持つこの性格を表現したものである。「もの」と「もの」、人と人が並立した時に生じる「間＝あいだ」は、何ものにも満たされていない、未来へ開かれた空間に他ならない。

第５部の二つの論考は、このようにたまたま居合わせ、関係を結び、場を共有するという偶発的な事態を人々がいかに生きているのかをめぐる具体的な記述から構成されている。辛嶋は、取引費用という概念に着目して市場に肉を売りにいくモンゴル遊牧民の取引行動を分析し、取引相手の選択に際して以前に取引した商人を「知っている人」として扱い、その商人との取引を継続させることでリスクの回避を試みていることを明らかにする。エレナは、サラワクの客家社会で、ある男性が伝統的には女性の役割とされる結婚の仲介役として活躍している事実に着目する。彼は「パンクンマ（半男半女）」とあだ名されているが、その境界性が人のあいだを結びつけ、かつ、この属性ゆえに共同体の伝統の存続にも貢献していることを論じている。

民族誌の実践とは、場の偶然の共有から始まるプロセスであり、同時に経験の具体性を常に拠り所とする営みであるに違いない。その限りで、第5部に至ることは、人と人、人と「もの」、「もの」と「もの」が関係を結ぶ際の具体性に根ざす人類学の出発点へと回帰することをも意味しているだろう。

2010年2月
共編者

人＝間の人類学——内的な関心の発展と誤読◎目次

第1部 死

第1章
酒に憑かれた男たち
ウガンダ・アドラ民族における酒と妖術の民族誌

梅屋 潔

ひーっ、ひーっ、という数名の男女の叫び声が夜の静寂を引き裂いた。これは死を伝える悲しみのユールレイション[1]である。それに続いて、とん、とん、とんと太鼓の寂しい音が響き渡る。音の調子でこの地域で一般的なロングドラム、フンボ *fumbo* ではなく、胴の短い葬儀用ドラム、ブリ *buli* であると知れた。私は足下を照らすためにかすかに炎を燃やすように絞った、つけっぱなしの灯油ランプを頼りに、かんぬきと鍵をあけて小屋の扉を開いた。音のする方向に耳を澄ます。2001年7月24日、23時30分ごろのことである。

「また、誰かが死んだのだ」私は、小屋の戸を開けて方角を確認し、1キロほど離れた小屋からの声だと確信して、改めてシュラフにもぐりこんだ。小屋に住んでいるのはかねてから病を得ていた人物で、2、3日まえから容体が悪化し、寝込んでいたはずだった。

朝方に、隣人のワンデラに、昨夜飲みすぎ（メド・マ・ラーチ *medho ma rach*）で死んだ人がマゴロ村にいる、と聞かされた。「やっぱりそう

写真……酔って踊り歌う。週末にはよくみられる光景

死

写真……葬儀のときに呼ばれる楽団は、夕方酒を囲むときにも活躍する

か」私は得心した。ワンデラは、最寄りの診療所の医療に常時携わっているメディカル・アシスタントで、近隣では「ドクター」と呼ばれていた。そばにいた宿舎の管理人、バジルが、「何時かわからないけど、今朝は鶏が鳴く前に人の泣き声がした」という。方向で、死んだのはオポウォと推測した。「病気だったし、食べずに飲んでばかりいたから」と付け加えた。バジルによれば、他人の死を知る手続きは、およそ４つあるという。すなわち、悲しみのユールレイションであるンドゥリ *nduri*、方角の特定、死を知らせる太鼓ブリ、そして死の知らせを伝える使いを出すこと（ルウォンゴソ *lwongotho*）である。よそ者の私に察しがつくくらいである。その全てが満たされるのに時間はかからなかった。オポウォと親戚関係にあり、看病していた隣人が知らせに立ったのである。

I　オポウォの「埋葬儀礼」（イキロキ *yikiroki*）

翌日、私はオポウォの埋葬儀礼に立ちあった。そこで私は1997年にアドラ民族 Adhola[2] の間で現地調査を開始して以来、はじめて飲酒に対する否定的な見解を見聞きした。それまでの印象では、地域としても国としても飲酒に対して寛容な社会に映っていたのだ。平日でも少し日が傾くと、コンゴ（地ビール）の壷を囲む姿があちこちで見られる。週末ともなれば、あちこちでグループができ、時には酔っ払った老婆同士が半裸で摑み合いをしていることもあった。夕方コンゴの壷を囲むことは社交の一環とみなされ、喧嘩や傷害などの社会的秩序に反する行為に結びつかない限りにおいてはそれ自体後ろ暗いことではないはずだった。

埋葬儀礼を含め、死者に関わる行事をカリエリ *kalieli* というが、カリエリがあるときは、地域の誰もが、どこでそれが行われるのか周知しているのが普通である。カリエリは、村の生活の最優先事項のひとつなのだ。参列のため正装姿で歩く人びとの道行きを辿っていくと、オポウォの屋敷に着いた。

泣き声が聞こえる。屋敷に入って 1,000UGX（ウガンダシリング）のペサ・マ・キカ *pesa ma kika*、ガンダ語 Luganda ではマブゴ *mabugo* と呼ばれる金銭[3]を係の男たちに渡し、記帳する。ノートは二種類ある。ひとつはノノ *nono* つまりクラン・メンバーたちの記帳するものであ

写真……「オポウォのようになるな」と演説するムロコレ

り、もう一方はモニ *moni*、近隣のひとびとが記帳するものである。クラン・メンバーでない私は、モニに記帳した。金は村レベルの行政組織で管理しているようだった。

私がカメラを持っているのを認めると家人は小屋に招き入れた。撮れ、というのだ。埋葬儀礼に参列した私には遺体の写真を撮影することが求められていた。改めて家人に乞われもして、遺体の写真を撮影した。

ペンテコスタのムロコレ *mulokole* [4] が、やおら立ち上がって説教を始めた。曰く「オポウォは、日曜日に教会に来なかった。盛り場で飲んでばかりいた。何も食べずにだ。彼が残してくれた教訓を大切にしよう。飲むのなら、きちんと食べなさい。」

訃報を遠方で聞いたのか、たった今到着したばかりの女性が、屋敷の真ん中で泣き崩れた。

こうした中でも、オポウォを埋葬する墓穴は着々と掘られ、小屋の入り口の前には自転車で町から運び込まれた棺が置かれている。

かん、かん、かん、かん…と打楽器の甲高い音がして、楽団が演奏を始めた。女たちがそれに合わせて身をゆらしはじめる。アジョレ *ajore* である。「悲しみと苦痛に満ちた心」というような意味で、女たちの踊りもそう呼ばれることがある。死んだ者の霊魂（ジュオギ *juogi*）を、新しい世界で平穏な状態にする方法であると説明されることもある。昔は近隣部族との紛争から帰った男たちがこれを演奏することになっていたという。戦いで仲間を失うことも多かったからである。また、新たに戦いを始めるときにもこれが演奏された。「ダウィ・オニンド *dhawi onindo*」つまり、戦いがまだ終わっていないことを表明するためである。

楽団は、堅い板に木製のばちを打ち付ける打楽器テケ *teke*、フンボという名のロングドラム、弦楽器トンゴリ *tongoli* からなっている。楽団の歌に合わせ踊る女たちも歌詞を口ずさむ。

> *…wotomeran! / thwodhe oromo gi wadi yokoro / aa, aa, mama dhawi onindo kaa! / woto meran! / thwodhe oromo gi wadi yokoro / achulo banja machago akitimo! / wano kwongere gi yamo / kere dhawi onindo! olelo! olelo! / wodi mama kodhwoko, kere otho! /*

dhawi onindo kaa! olelo! olelo! / kere banja! kere banja! / dhawi onindo kaa! olelo! olelo! / wano kwongere giyamo / dhawi onindo ochulere banja / nyath pa mama igalo kune mogwangi kayan ayino? / Opowo（この部分は死者の名に置き換えられる）*kodwoko kere banja! / aa, aa, mama kere banja, dhawi onindo!* …

〔邦訳〕…きょうだいよ！／その戦いは、雄牛たちとそこで／ああ、ああ、母よ、また戦いがここに！／きょうだいよ！／その戦いは、雄牛たちとそこで／経験したことのないような痛みを受けた／我々は死を呪う／その戦いがまた！オレロ！オレロ！（すすり泣く擬態語）／私の母の息子は戻ってこなかった、死んだのだ！／その戦いがまたここに！オレロ！オレロ！／ 痛み、そう痛みのため！／その戦いがまたここに！オレロ！オレロ！／我々は死を呪う／戦いはひとびとに経験したことのない痛みをもたらす／そこから帰りの遅れた母の子は、野獣にでもやられたか？／オポウォは（戦いから）帰ってこなかった、痛みのため！／ああ、ああ、母よ、かつてない痛みがここに、戦いはすでにここまで来た！…

あちこちで女性たちがすすり泣いている声が聞こえる。困ったとき、悲しいときに女性がとる、頭の後ろに手をやるしぐさや、後ろ手をくむ姿勢で悲しみのため体をねじっている女性たちがいる。

小屋の中から聞こえる泣き声がさらに大きくなる。最後の別れをしているようであった。しばらくすると順に小屋から泣きながら出てくる。

男たちが「右が下だぞ」と言い合いながら遺体を棺に移し始めた。男の埋葬のときは右肩が下で、女性の埋葬のときは左肩が下になるように埋葬する。性交のときの正常位なのだそうである。女たちは泣きながら見守っていた。

棺に遺体を納め終わった直後に、それに間に合わなかった若い女性が小屋に飛び込んできて最後の対面を求めた。牧師や信者たちによって彼女の哀願は厳かに退けられ、彼女は小屋の外で背を向けて泣いていた。

ワンデラ氏が太鼓を叩き、賛美歌とともに棺は屋敷の中央に設けられたシェードに運び出された。男性の信者によって賛美歌と祈願が捧げられる。

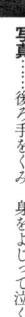

写真……後ろ手をくみ、身をよじって泣く

司会進行役が父親にスピーチするように促しながら遺族を紹介し、故人の業績を読み上げる。父親、続いてクラン・リーダーがスピーチする間、子供も含めて声や物音をたてるものは誰一人いなかった。クラン・リーダーは、18日に容態が悪化したこと、病院に連れて行ったが改善せず、ついには亡くなったことなどを説明している。

「オポウォ・ジョン・マーティン2001年7月23日ここに眠る、クランはモルワ・スレ Morwa Sule、妻は近隣部族、グウェレ民族 Gwere、ニャケロ・クラン Nyakelo clan の出身」。死者のバイオグラフィが進行役によって紹介される。ウガンダ教会で洗礼を受けたこと、子供を5人もうけたこと、また、晩年はトレーディング・センターで飲みつぶれてばかりだったことなどが言及された。遺族として紹介された妻と子供たちは、さっと参列者のほうを向いて立ち上がった。

続いて棺はクランから寄進されたこと、15の白いシーツと一頭の山羊が近親者から贈られたこと、そしてリエド *liedo* 儀礼は明日行うことが発表された。

クリスチャンらしき5人の男たちが、かわるがわるスピーチをし、続

写真……挽歌に合わせて踊る参列者

けてムロコレが聖書を朗読した。その焦点の多くは、故人の飲酒癖と、更にその際に食事をしない、という点に向けられていた。ムロコレと数人の熱心な信者主導で、賛美歌が歌われた。使用言語は、ガンダ語である[5)]。

雲行きが怪しくなってきたが、それにかまわずムロコレは再び演説を始めた。曰く、日曜日には教会に行きなさい、酒を飲むならば食事をとりなさい…。

雨雲が近づき、あわてて棺が埋葬される。参列者の持参した白いシーツを裂いてつくった紐で墓穴に釣り下ろされる。墓穴の頭側は東を向いていた。本来モルワ・スレのクラン・メンバーは、西に向けて埋められるはずである。いぶかしんでいる参列者もいた。

賛美歌の歌声が響く中、参列者皆がひとつかみずつ、土くれを棺の上に投げかけていく。一段落すると、スコップを持った男たちが、一気に棺を埋めはじめ、ちょうど覆いかぶせた土かさが地面と同じになったところで賛美歌はひとたび途絶えた。一段落したのを見届けてムロコレたちが去ってもなお、賛美歌は歌い継がれた。やがてそれも聞こえなくなり、埋葬儀礼は終了した。墓はセメントを塗る部分だけを残してかたちを整えられていた。小屋の中からベッドが運び出され、墓穴の近くに置かれた。悪霊や妖術師などに遺体を乗っ取られないように夜通し付き添い、守るのだという。考え方は通夜に似ている。

帰り道、私を含め連れ立った人々はしきりに噂しあった。「彼も昔は村きっての優等生だったんだけどね」と人びとは口々に囁いた。

おそらく明日には、近親者の髪をそるリエド儀礼が執り行われることだろう。そして、経済的な条件が整えば、近隣の人々を招いて宴席、ムウェンゲ・マ・ピ・ワングジョ *mwenge ma pi wangujo* が開かれるはずである。さらには甥たちの手で「灰を集める」儀礼、ジョウォ・ブル・カシック *jowo buru kasik* が行われる。埋葬儀礼の間中絶やさず燃やされていた焚き火の灰を集めるのである。雨に濡れないようにこのときまで灰にはビニールなどの覆いがかけられる場合もある。これは遺体を守る意味合いを持つという。遺体が土に帰り、もはや守る必要がなくなったころ、近隣全ての人を招いて行われる盛大な宴会、「忘れ、全てのことに感謝する」儀礼、ルンベ *lumbe* 儀礼が行われて初めて、親族が果たすべき義務はすべて終わることになる[6)]。ルンベ儀礼以降、災因としてその人の霊ジュオギが名指しで問題にされることはない。集合的な霊ジュオク *juok* の一部分として匿名的に言及されるだけである。

夕方になって、私はオポウォの死因についてより詳しく知ることになった。「酒の飲み方が悪い」のは、誰かのラム *lam*（呪詛）の結果か、ジャジュオキ *jajuoki*（妖術師）の仕業だというのだ。誰の死に対しても呪詛や妖術、あるいは死霊の祟りといった観念が持ち出されるが、生前の行状によって持ち出される観念にはバリエーションがある。この地域で言う「呪詛」は、目上の者に無礼なことをした、などの理由で怒った年長者などが徽らしめのため行う公共的に承認された正当な呪術である[7)]。それに対し妖術師の行いは反社会的なものとされ、処罰の対象となる。また、パドラの場合、「妖術師」は、いわゆるナイトダンサー（東アフリカでは一般的にナイトランナーとして知られる）のもつ反社会的イメージと重複しており、明確な意味領域を形成しているとはいえない。あるアドラ人によると、ナイトダンサーは、日中はふつうの人間のように振る舞っているが、夜密かに出歩き、裸で、灰を体に塗り、

写真……ルンベ儀礼でコンゴを飲む人びと

しゃれこうべを腰から下げてカトゥール、カトゥール、カトゥール、カトゥールと音を鳴らしながら背中で他人の小屋の扉をノックするものだ、という。あるいは、裸で片足の踵を後頭部に引っかけてとんとんと歩く、などともいう。彼らは毒を持っており、自身がナイトダンサーであるという秘密を知り告発した人々に危害を加えるともいう。

一方で妖術師は、意識的であれ無意識的であれ、「力」を用いて他者に危害を加える者であるというが、そのイメージは漠然としており、両者をあらわす語彙はジャジュオキしか私は聞いたことがない。意識的な邪術と無意識的な妖術という区別もなく、薬草をもちいたかどうかという区別ぐらいしかない。異能を持つ者を指す語彙としては他に雨や雹を降らせることができるというジャミギンバ *jamigimba*（レインメーカー）[8]、シココ *sikoko*（邪視もち）などに言及されるが、それらも反社会的な点などでジャジュオキと緩やかなかたちで関係する認識が持たれているようである。

彼らは言う。「だって、普通の人間は、どんなに酒好きでもあんなに飲んだりしない。食事も摂らずにほとんどトレーディング・センターでつぶれて寝ていたんだよ。病院にも連れて行かれ、帰ってきたと思ったら、またトレーディング・センターだ。あの日だって…」

その夜、オポウォは、ひどく酔ってつぶれてしまったという。旧知の友人でもあるバーの主は、客も途絶えたところで、このまま朝まで放っておこうとバーを閉めて施錠し、帰宅した。ところが、これはオポウォの巧妙な作戦であった。主が帰ったあとのバーで、オポウォはほしいままにングリ *nguli*（蒸留酒）を飲んだ。翌朝バーの主が発見したのは、空になったングリの壺とその傍らで死にかけて冷たくなったオポウォだったのである。

II　呪詛で酒が手放せなくなった男

オポウォの埋葬儀礼から二日後の2001年7月27日、外から激しい叱責の声が聞こえた。隣人のエマの声である。耳を澄ますと、「ングリは良くない！量を減らせ！あの男を知っているだろう。ングリのために死んだ。あのようになりたいのか？5リットルも飲めば、たちまちショック死してしまう恐ろしい飲み物なんだよ…」

あの男、というのは、いうまでもなく、オポウォのことである。当時私の寄宿していたTOCIDAという現地NGOの一角に事務所を間借りしていた有機農法を普及するNGOのチューター、エマに怒鳴られ立ちすくんでいるのは、グワラグワラ Gwaragwara ではオポウォと並んで有名な酒豪、「ワラギマン *Waragiman*」（蒸留酒男）と異名をとるオドウェであった。彼は掃除や草刈り、水くみ、運搬など単純労働で小銭を稼いでは、いつでも朝からングリを買って飲んでいた。着替えも一着しか持っていないようで、いつも見慣れた黄色と黒のぼろぼろの服を着ている。その日も4年前に初めて見たときとまったく同じ服を着ているのには驚かされた。エマは私を認めると、「私はこの男を刑務所に連れて行かなければならない、彼は私のお金をだまし取ったんだよ。代わりに働くなんて言っているけど、信用できるもんか…近寄らないで。水浴びぐらいしなさいよ、ぷんぷん臭うわ。それから…二度とここに煙草を吸いながら来ないで。いまにあなたはそれで胸もやられて、おしまいよ。」

ある夜、夕刻を待って、私は隣人ワンデラを質問攻めにした。オドウェはどうしてあんな飲み方をするようになったのか。隣人の口は重かったが、やがて「ラムなんだよ」と教えてくれた。

当時 TOCIDA で働いていたオコンゴの話。「…オドウェは、ここ TOCIDA でも鍋など食器を洗う仕事を頼んでいたこともある。しかし、つまみ食いが見つかって以来、彼に仕事を頼むのはやめたんだ。誰かが彼を呼んだんだが、返事がない。オドウェはしゃべることができない。それもそのはず、マトケを６つも、口いっぱいにほおばっていたんだ。…結婚していたこともある。結婚した当初は家だってきれいだった。奥さんもきれいなゴマス *gomasu*[9] を着ていたものだ。子供もいるんだよ。女の子が一人。彼は、健康でよく働くんだけど、稼いだものは全部飲んじゃう。子供にノートが要るとか、ユニフォームが要るとか、奥さんだって新しい着物が要るとか、そういうことを考えないで稼いだものはみんな飲んじゃう。

だからついに、本来、我々の文化ではありえないことなんだけど、実の父母のもとに帰って行っちゃったんだ。だから彼の実の両親も怒って、帰ってきたら死ぬまでぶつよ、と言っているから、彼は、トレーディング・センターの鍵のかからないつくりかけの小屋の中で寝ることにしたんだよ。奥さん？実の父母の家のキッチンで寝ているよ、子供と一緒に…。

それというのも、あるときオドウェは母親にお使いを頼まれてね。父の母に牛肉を持って行くように言われたんだけど、全部自分で食べちゃって。代わりに牛の糞をバナナの葉っぱに包んで持って行ったんだ。お婆さんは目が悪かったけど、すぐに気づいて怒ってね。お前なんて、駄目になってしまえ！とその場で呪詛をかけたんだ…[10]」

祖母に呪詛をかけられたオドウェは、それから片時も酒が放せなくなった。呪詛の効果がいつあらわれるのか恐れ、そのことを考えないようにするために酩酊しているとも言い、夢を見ないように毎夜酔いつぶれているとも言われていた。アドラ人にとって夢の世界は、霊の世界だと考えられているからである。

III　バジルの死とアディンの病

ところで、先に言及したエマのオドウェへの説教は、私にふたりの人物の顔を思い浮かべさせた。アディンとバジルである。私と同級にあたるアディンは、任期つきのソシアルワーカーの仕事をしていた。小金を持っているので、煙草と酒は欠かさない[11)]。2001年8月9日のフィールドノートには、以下のような記述がある。

「…夕刻、アディンが訪ねてくる。彼は病気だ。ずっと病気だが、最近特にひどい。昼間喀血したという噂だ。隣に住む看護師のドロシー（前出のドロシーとは別人）は、『飲み過ぎよ、酒も煙草も』と冷たい。私が、インフォーマントを捜していることを聞きつけて訪れたらしい。絶え絶えの苦しそうな声で『…キソコ Kisoko（地名）に1930年代から住んでいるいいインフォーマントを見つけた…』という…。」

ちょうどその下には、バジルについての次のような記述がある。

「…NGOのホールの電気（弱いものだが、太陽電池が設置されている）は現在使えるのかどうかバジルに訊くと、『主電源を切っている。なぜなら、おまえにはやりたくないからだ』と言われた。結局は繋いでくれたが。彼も最近精神的にやや不安定なのではないか。…」

バジルの酒量がずいぶん増えているのは傍目にも明らかだった。非常識な行動が目についていたのである。「校長だった頃（彼はポメデPomede小学校というカソリックとプロテスタント双方の小学校の校長をしていた。もともと対立していた両校を調停し統合したのも彼だという）はよかったが、兄の命令でこんな店を任されてから退屈で死にそうだ」と、実の兄である教授の批判を延々と述べていた。年長者の批判を公言することはパドラでは一般的ではない。

そのころ彼は、金銭欲や物欲をあからさまに表現するようになってきていた。また施設の什器など、これまで自由に使っていたものについても賃貸料を請求してきた。TOCIDA入り口付近に設置されたMTN社の公衆電話の太陽電池からの電気代を、公衆電話を使用する人々から徴収しようとした。また、オウォリ教授の家に遊びに来たカナダ人医学者の息子がアスカリにプレゼントしたマウンテンバイクを、実兄である教授とその妻の権威を笠に接収した。それが壊れると今度は私の自転車を狙っているようだった。曰く、「おまえはもう自動車で移動しているのだから自転車はいらんだろう」。教授やその妻マリーがその事実を把握していないのは明白だった。後で人々に訊いたところでは、飲んでしまった商売ものの酒代の補塡で必死だったのだという。

2004年6月に、大阪でバジルの死を知らせる電子メールをオウォリ教授から受け取った。同じ年の8月20日、ウガンダに着いた私をアディンが一番に訪ねてきた。8月24日のことである。2年間職がないので何とかしてほしいという。彼はよくいえば行動的なのだが、悪く言うと我が強く、ひとところにいたり私に付き添ったりすることができないので、ノートとボールペンを渡し、呪詛についての独自の聞き書きを依頼する。

入ってきた噂を総合すると、晩年のバジルは、朝店を開けてからから夕方店を閉めるまでの間に約1箱（20本）ものビールを飲み干し、夜は飽くことなくングリを飲んでいた。精神的に尋常ではないことも誰の目にも明らかだったという。警備員のオダカは、バジルとの諍いが原因で解雇されていた。ある晩、オダカは夕刻になったので TOCIDA の入り口の鍵を閉めたのだが、そのことで出入りができなくなったことを怒ったバジルは梯子をかけて入ろうとした。警備の職務上オダカは咎めざるを得ない。両者は対立し、ついにはバジルが、「自分がやめるか、オダカをクビにするか、二つに一つだ」と実の兄であるオウォリ教授に詰め寄ったのだという。教授も含めて周囲の人間も、そのころのバジルにはほとんど全く理屈が通用しないので、ただ遠巻きにするだけだった。

ある日、バジルは盥に一杯ほどの大量の血を吐いて意識を失った。ちょうど一週間人事不省だったが、意識を取り戻し、しばらくまるで子供のように手を叩いたり、子供の歌を歌ったりしていたが、ほどなくしてこと切れたという。

「HIV だったんだよ」そんな噂も、耳に入ってきた。ずっと前に調べて、当人も知っていたらしいともいう。これも周囲に尋ねるわけにもいかず、真偽のほどは定かではない。しかし、仮にそうだとすると、オドウェについて噂されている説を敷衍すれば、バジルもいつ発病するかわからない病に怯えて飲んでいたのか。

2006年8月15日、グワラグワラを訪れた私はオドウェが死んだことを知った。いつのことかは定かではなかったが、半年ほど前と聞いた。トレーディング・センターの真ん中で大量吐血し、そのまま帰らぬ人となったそうである。数日後アディンが前年10月から7月まで生死の間をさまよう大病を患ったことを知った。一説によると肺ガンであるという。オウォリ教授は親族としてできうる限りのことをしたようだ。一時、首都カンパラKampalaのムラゴMulago病院にも入院させたという。「しかし、教授がアディンをムラゴから連れてきたその日にアディンは再び酒と煙草を始めたのだ」とひとびとは口々に言う。

その日、宿舎の庭で助手のオロカと打ち合わせをしているところにアディンが無言で近づいてきた。やや太ったようだ。むくんでいるのかも知れない。「大病を患ったので健康のために酒はやめたんだ」という彼のほうから、ぷんとアルコールの臭いがした。2004年に会ったころには名門マケレレ大学の卒業生であり、年長ということで敬意を払っていたオロカにも、「新米なんだからでかい面するな」と暴言を吐く。挨拶もなく無言で近づいてきたばかりではない（年長者への暴言は、呪詛を招く可能性があるためパドラでは忌避されている）。話にも脈絡がなく、突如「私は、お前からお金を奪おうとしているのではない。正当に働いて給料をもらいたいだけだ」と言いつつにじり寄ってくる。異様な雰囲気を察知した私は、以降オロカと交渉するように言ってその場を離れた。当惑し、心配もして周囲に聞いてみると、アディンの病はよほどひどかったようだ。およそ3ヶ月は、全く意識がなかったという。誰もが、もう彼は助からないと思っていた。グワラグワラに帰ってきてからも、奇矯な言動が目立ち、ついに妻は子供を連れて逃げてしまった。はからずしてオドウェと同じ結末を引き起こしてしまったわけである。

オロカは、その後何度かアディンの訪問を受けており、その都度無難にやりすごしていたが、私と二人の時には「任せられる仕事はない」とにべもなかった。私も滞在中何度か彼を見かけたが、連れは誰もおらず、アルコールの臭いを漂わせていたようだった。向精神薬を処方されているとの噂も耳にした。

以前に聞いたことがある。アディンはこの地域きってのエリートなだけに誰からも妬まれており、しばしば妖術や邪術の対象となっているに違いないと。

IV　モダニティの邪術

アドラ民族のあいだでのアルコール問題を手がかりとして、オポウォ、オドウェ、バジル、アディン４人の人物について素描してきた。彼らの社会階層と行動様式には、奇妙なほどに符合する共通点が認められる。地位や教育があるはずの彼らが、ほとんど同じ経緯で破綻してゆくのだ。これは、脱植民地化の過程で生まれたエリートの典型的症例であるととらえることができそうなほどである。医学の専門家がアルコール依存症と呼ぼうと問題飲酒と呼ぼうと、これは新しい現象だと長老たちはビールの壺を囲みながら口を揃える。

彼らのように仕事がなく、朝から酒浸りになっているエリートを村ではごく普通に見ることができる。小金を持っていれば、地酒はいくらでも飲めるのだ。借金を返済せずに死ぬ者も少なくない。「退屈な村の生活では、飲む以外にすることがないから」という者もいる。それはエリートへの妬みから発する妖術や毒の犠牲になることを恐れてのことかも知れないし、HIV の発病を恐れてのことかも知れない。エリートにふさわしい仕事がないことからくる現実逃避かも知れない。彼らはポストコロニアル・エリートとしての自らの境遇を呪ってもいよう。しかし、彼らが酒浸りになることそれ自体も、妖術や呪詛の効果と見られてしまう。どこからも断ち切りがたいこの悪循環は、グワラグワラ村のエリートのほとんどについて回っているのである。

パドラにおいて、アルコールについて語ることは、妖術について語ることでもあり、ときにエイズに、そして脱植民地下のエリートの悩みについて語ることにも繋がることであった。妖術が伝統の残存ではなく、モダニティの中で息づいており、それがステレオタイプ化された妖術の領域ではなさそうなところで生き生きと機能していることは、たびたび指摘される[12)]。

新しく知られるようになった病が妖術の言葉で語られ、説明されるような事例は、HIV やエボラ出血熱などを対象としてもあちらこちらでなされている[13)]。脱植民地化の様々な問題の中でも、こうした不治の病のイメージとそれに対する対処行動は、モダニティがアフリカ諸社会にもたらした邪術の効果を顕在化させる。それらは、社会や文化の中に独立して存在するのではなく、しばしば別の深刻な問題群と分かちがたく結びついているのである。

人が災いの原因を何に求めるかは、その社会の文脈の表明であり、悩みや問題の本質を語ることでもある。今では広く共有された妖術のモダニティという認識に続く問いは、おそらくなぜ妖術がそうした説明を維持できるのかという問いである。

[付記]
本稿は梅屋［2007］の改訂版である。本稿の基軸のひとつである死と葬送儀礼についての関心は、一橋大学大学院博士後期課程在籍時に受けた内堀基光教授の教えに多くを負っている（たとえば内堀・山下［1986］、内堀［1997］）。一時期、死についてあまり執筆しなくなっていた内堀教授だが、今後あらためて「死者という存在」、「記憶と忘却」、「わたしの死へ」といった「死の意味領域」について研究を展開するとのことである。注目したい［内堀 2000］。

注

1 —— “ululation” は、「哭く」こと、ある特定の目的で叫び声をあげること。比較的短いものを繰り返すものが悲しみを表す。他人を呼ぶためのンドゥリ *nduri*、服喪の表現であるイワク *iywak* のほか、アイヤイヤイヤイヤイヤイと手振りを加えて甲高い声をあげる喜びのユールレイション *kigalagasa*、警報や援助を求めるものなどがある。

2 —— ウガンダ東部、トロロ県を中心に居住するアドラ人の人口は 2009 年現在 36 万人と推計されている。居住地はパドラ Padhola、その言語はドパドラ Dhopadhola。半農半牧畜で、綿花、シコクビエ、バナナ、ササゲ、キャッサバ、落花生、サツマイモなどを栽培する。家畜は牛を主に、山羊、羊、鶏、七面鳥、あひるなどである。主食は伝統的には、シコクビエ（カル *kal*）を湯でこねたクウォン *kwoŋ* が、東アフリカで一般的なトウモロコシ *duma* を粉にしたポーショ *posho*、マトケ *matoke*（食用バナナ）もよく食べられている。シコクビエから醸造されるビール、コンゴ *koŋo* は、社交だけでなく儀礼には欠かせないものとなっている。アドラ民族について出版された先行研究としては、Crazzolara［1951］、Oboth-Ofumbi［1960］、Ogot［1967a, b］、Mogensen［2002］がある。

3 —— 当時の相場は 500UGX だが、2006 年 9 月現在 1,000UGX に高騰していた。裕福な「白人」とみなされていた私には常に 1,000UGX 納めることが期待された。

4 —— ガンダ語でボーン・アゲイン *born again* 派のキリスト教徒のこと。

5 —— カソリックは儀礼を現地語で行い、聖書も翻訳が出版される前には部分的に現地語に翻訳したものを用いていた。プロテスタントは、ウガンダ教会の方針でガンダ語の聖書を用い、儀礼をガンダ語で行う。また、教育方法にも方針の違いがあり、カソリック系の初等教育は現地語で、中等教育で英語を使用する。プロテスタント系は初等教育でガンダ語を用い、中等教育で英語を用いる。このことは公職に就く際ガンダ語の運用能力が重視されていた時期には、プロテスタント側のアドバンテージだった。

6 —— ルンベ儀礼には莫大な費用がかかるため、これをこの地域の貧困の遠因と考える者もいる。しかしながら、死者の霊魂の祟りを恐れるアドラ人が、この儀礼を省略することは今のところ考えられないという。また、特に生前大きな実績をあげた男性についてはルンベにかわりオケロ *okelo* という儀式を行う。

7 —— 同じ動詞「ラム」には、祈願する、崇拝する、言葉に出して何事かを実現する、など善悪に関係ない中立的な意味もある。

8 —— ジャミギンバは、小さな壺に人間の目のようなものを入れて持っている。その「もの」には水を時々たらして、乾燥しないように保たなければならない。雨が降ると、その泡を壺に入れる。晴れているときは、壺のかけらで壺の口を塞いで森の木の下に安置する。彼、彼女を怒らせるとその蓋を開き、雨が降らないようにするのだという。

9 —— ガンダ語のゴメス *gomesu* の転訛。腹に帯を巻き、肩の部分が三角形にとがった共布であつらえた女性向きの正装。

10—— どのような文句を口にしたのか尋ねたが、口は重かった。ようやく *Bedi nyathi mo gayagaya imyenere!*（小僧め、駄目になってしまえ、狂ってしまえ！の意）という文句を教えてくれた。ただし、日本語のいわゆる「呪文」と異なり、定型が決まっているわけではなさそうだ。

11—— 2007 年の調査では、コンゴ 1 リットル 700UGX、ムウェンゲ *mwenge* というバナナを醸造したワイン様のもの 500 ミリリットル 100UGX、コンゴやムウェンゲを蒸留したジン様のングリが 500 ミリリットル 600UGX。2009 年 9 月現在、1USD は、2,103UGX で、約 97 円である。

12—— Bond and Ciekawy［2001］、Comaroff and Comaroff［1993］、Geschiere［1997］、Fisiy and Geschiere［2001］。

13—— 例えば、南アフリカのエイズと妖術について説く Ashforth［2002］参照。ウガンダ北部のエボラの文化的意味を論じる Hewlett and Amola［2003］にもジョク *jok*（霊）の観念が説明体系として言及されている。

参照文献

Ashforth, Adam

2002 An Epidemic of Witchcraft?: The Implication of AIDS for the Post-Apartheid State. *African Studies* 61(1): 121-143.

Bond, George Clement and Diane M. Ciekawy

2001 *Witchcraft Dialogues: Anthropological and Philosophical Exchanges*. Ohio University Press.

COMAROFF, Jean and John COMAROFF
1993 Introduction. In *Modernity and Its Malcontents: Ritual and Power in Postcolonial Africa*. Jean Comaroff and John Comaroff (eds.), pp.xi-xxxvii. Chicago University Press.
CRAZZOLARA, Joseph Pasquale
1951 *The Lwoo, Part II: Lwoo Traditions*. Verona.
FISIY, Cyprian F. and Peter GESCHIERE
2001 Witchcraft, Development and Paranoia in Cameroon: Interactions between Popular, Academic and State Discourse. In *Magical Interpretation, Material Realities: Modernity, Witchcraft and the Occult in Postcolonial Africa*. Henrietta Moor and Todd Sanders (eds.), pp. 226-246. Routledge.
HEWLETT, Barry S. and Richard P. AMOLA
2003 Cultural Contexts of Ebola in Northern Uganda. *Emerging Infectious Diseases* 9(10): 1242-1248.
MOGENSEN, Hanne Overgaard
2002 The Resilience of Juok: Confronting Suffering in Eastern Uganda. *Africa* 72(3): 420-436.
OBOTH-OFUMBI, Arphaxad Charles Kole
1960 *Padhola: History and Customs of the Japadhola*. Eagle Press.
OFCANSKY, Thomas P.
1996 *Uganda: Tarnished Pearl of Africa*. Westview Press.
OGOT, Bethwell Allan
1967a *History of Southern Luo, Vol.I: Migration and Settlement*. East African Publishing House.
1967b Traditional Religion and Precolonial History of Africa: The Example of Padhola. *Uganda Journal* 31(1): 111-116.
内堀 基光・山下 晋司
1986 『死の人類学』：弘文堂。
内堀 基光
1997 「死にゆくものへの儀礼」『岩波講座文化人類学第9巻 儀礼とパフォーマンス』、青木保ほか（編）、pp.71-104、岩波書店。
2000 「死の意味領域—文化、変化、進化」2000年6月17日、第2回進化人類学シンポジウム（http://anthro.zool.kyoto-u.ac.jp/evo_anth/symp0006/uchibori.html 2009年9月25日参照）
梅屋 潔
2007 「酒に憑かれた男たち—ウガンダ・パドラにおける『問題飲酒』と妖術の民族誌」『人間情報学研究』12：17-39。
2008 「ウガンダ・パドラにおける『災因論』—*jwogi*、*tipo*、*ayira*、*lam* の観念を中心として」『人間情報学研究』13：131-159。
2009 「ウガンダ・パドラにおける『災因論』—現地語（Dhopadhola）資料対訳編」『人間情報学研究』14：31-42。

Willis, Justin
2002 *Potent Brews: A Social History of Alcohol in East Africa*. James Curry.

第2章
死霊と共に生きる人々
ラオス・カントゥ社会における死の位相

西本 太

人間をとりまく世界の中で、死者の占める位置は特別のように思われる。死者はもはや生前と同じようには動くことも話すこともない。それにもかかわらず、あとに残された人々が記憶し続けるかぎり、死者は厳然とこの世界に存在する。とりわけ身近だった人は、死んで姿が見えなくなった後も、残された人々に強い存在感を与え続ける。生前と同じ意味での人間とは言えなくなったものに向かってどういう態度をとるかという問題は、周りの世界に対する人間特有の関係の仕方を照らし出す重要な手掛かりとなる。死の文化に対する民族誌的関心は、この点に一つの根拠をもつと言える。

本章ではこうした視点を背景に、ラオス南部の農耕民カントゥ Kantu が死と死者に向かってとる態度を取り上げ、死者の霊が人々の日常生活とどのように関わっているかを述べる。

カントゥは死者の霊のことをギモッチ *kimoc* と呼ぶ。どの死者の霊も原理上はギモッチであるが、実際にこの名称が用いられるのは、そう遠くない過去に亡くなった親やキョウダイなど、自分と明確なつながりをもった家族の霊であることが多い。ギモッチは遠い世界の存在ではなく、生者の世界にたびたび出入りする、実在性をもった存在である。もっともギモッチの姿が生者の目に見えるわけではない。その来訪は、生者の病気など身体上の不調を通して読み取られる。例えば、誰かが病気にかかり、普通なら投薬で治るような不快感や疼痛がしつこく続くと、本人や周りの人々は、症状の背後にギモッチがいるのではないかと疑うようになる。

なぜギモッチがやってきたか、人々はその介入の意図を推し量り、それに応じた対処行動をとる。カントゥの村で生活していると、家族の分裂や再結集といった出来事にしばしば出くわすが、その理由を尋ねると、ギモッチのもたらした病気を治すためと説明されることがある。また、家族の病気が、若者の結婚を促すギモッチからの呼びかけとして受け取られることもしばしばある。若者が結婚をためらっていると、祖先のギモッチがそれを見咎めて家族の誰かを病気にすると言われる。人々はこのようにギモッチが病気をもたらすのを厄介に思いながら、その意思を尊重する。

以下では、ギモッチと人々の関わりを、カントゥの死生観と関連付けて述べる[1)]。

I　きれいな死と悪い死

カントゥの日常生活の中で死はどのようにやってくるのだろうか。まずカントゥにとっての死の一側面を照らし出す口承から見てみたい。それは死と葬儀の起源についての物語である。それによると、カントゥはかつて死ぬこともなく、それゆえ葬儀をすることもなかった。ある時、一人の若者がよその村へ用事で出かけて行くと、そこでは人が死んで、まさに葬儀が催されているところだった。それは村中の人間が集まって夜通し賑やかに行われていた。皆が酒を飲んでごちそうを食べ、おしゃべりや遊びに興じ、中には女を口説く者もいた。この様子を見た若者は大変うらやましくなり、カントゥの村でも葬儀ができるよう、自分たちを死なせてほしいと天の霊に向かって頼んだ。天の霊はそれを聞いて何と不届きな者たちかと怒り、カントゥにも死を与えた。こうしてカントゥは望み通りに死ぬようになり、念願の葬儀を開くことができた。ところが、初めのうちこそ、葬儀を賑やかに催して大変おもしろかったが、人がとにかく立て続けに死んでいくので、カントゥはだんだん困り始めた。このままでは人がすっかり死んでいなくなってしまう。人々は怖くなり、ある計画を思い付いた。墓場からある死体を掘り起こし、皆で脇を抱えて立ち上がらせ、さも生きているかのように関節を支えて集落へ向かって歩かせたのである。これを見た天の霊は大変驚き、それ以上自分の手でカントゥを死なせることはしなくなった。カントゥはその後も相変わらず死ぬけれども、その時ほど立て続けに死ぬことはなくなったとされる。

この口承は死の起源そのものを語るというより、葬儀がいかに楽しいかをその起源から説明するものであり、そのなかで死の起源に間接的に言及している。天の霊はこの世の支配者のように語られるが、その様子や、他の不可視の存在との関係性については明確な説明がない。また、天の霊が他の口承や儀礼の中に登場することもまれである。死がこのような正体不明の存在によって与えられたという語りは、死が本源的に所与であることを表現するものと言える。

一方、口承の中で描写されているような、賑やかで大勢の参加者を楽しませるものが、死者の勲功の高さを示す立派な葬儀とされる。後の節で詳述するが、このような葬儀は、たくさんの親族や子孫をもち、高齢で大往生を遂げた死者に向けて行われる。こうした死の名誉の高さは、老年に達した人々が半分に割った丸木をくりぬいて棺を作り、自分の死に備えることにも見て取れる［写真1］。また、こうした人物を埋葬するにふさわしいとされる大きな墓は、慣習上、収穫を終えた後でなければ築くことができないため、葬儀自体が死後しばらくしてから開かれることが多い。これが、カントゥの言葉で「きれいな死 *chit raem*」を迎えた人に対する理想の葬儀とされている。人々の記憶に残る立派な葬儀を出し、大きな墓を築くことは、死者にとっても遺族にとっても大きな名誉となる。

きれいな死を迎えることは人口学的に見ても幸運と言える。というのは、すべての人がきれいな死を迎える年齢まで長生きするわけではないからである。調査した村落（人口約1,000人）で毎年何人が、何歳で死んでいるのかを過去20年に遡って調べた結果、約200件の死亡のうち、6割近くが5歳未満の乳幼児で占められており、65歳以上の老年死は1割に過ぎないことがわかった[2]。つまり、生まれてくる人の大半は老年に達するどころか、十分成長する以前に死んでしまう。この老年以前の死がどのようなもので、それぞれどのように扱われるのかを次に見てみたい。

写真1……棺は生前用意して米倉の下に置いておく。

きれいな死と対をなす概念に「悪い死 *chit pru'um*」がある。横死や原因不明の病死のように、周りの人々に強烈な印象を刻む死のことである。かつてならトラにかまれたり、高い木から落ちたりして死ぬのが悪い死と言われた。また川での溺死や自殺も悪い死とみなされる。悪い死が起こると葬儀は行われず、死体も棺に納められないまま、集落から離れた場所にひっそりと運ばれ、うつぶせにして埋められる。死体に触れるのはごく身近な家族だけである。悪い死は徹底して隔離され、あたかも何事もなかったかのように無視される点に基本的な特徴がある。悪い死がこうした扱いを受けるのは、それが強い感染力をもつ「ペーリアン *peliang*」（穢れ）とみなされるからである。人々の生活は、ペーリアンを厳重に管理することを通して秩序が保たれる。

中でも妊婦やその夫の死は強いペーリアンをもたらすので忌み嫌われる。そのため、出産を迎える夫婦は、悪い死にとらわれないようにさまざまな予防的な禁忌が課せられる。現在では国際医療援助によって母子保健が病院で管理されるようになったため、出産での事故はあまり見られなくなったが、かつては集落から離れた森の中で、夫婦だけで出産するのが慣習とされていて、出産中の事故で妊婦がしばしば死んだ。出産を森に隔離して行うのは、胎児が母胎から滑り落ちる動きが、金や収穫が手元に残らず出ていくことを連想させるので、人目につく集落内での出産が嫌悪されたからとも言われる。そのため、現在でも、集落の中で出産が行われるのを不快に感じる老人もいる。だが、より重要な意味合いとして、そもそも事故が起こりやすい出産を森の中に隔離し、妊婦が仮に死んでも、集落がペーリアンで汚染されるのを防ぐねらいがあると言える。妊婦が事故で死ぬと、そのペーリアンが持ち込まれないように集落は数日間にわたって封鎖されるとともに、集落を浄化する儀礼が行われる。ここに悪い死の可能性を集落からあらかじめ排除する意図が読み取れる。

妊婦とは対照的に、胎児や乳幼児が死んだ場合、それが周りに与える心理的衝撃がいかに大きくても、少なくとも文化的なイデオロギーの上では悪い死とはみなされない。胎児や新生児が死ぬと死体はバナナの葉にくるまれ、通常の墓場から離れた場所に埋められた後は全く顧みられない。子どもはまだ人間になりきっていないので、きれいな死と悪い死の区別は当てはまらないと言われる。小さな子どもの場合、発育不良で体力がないところに、下痢症やマラリアなどの感染症にかかって命を落とすことが多いが、中には事故死するケースも見られる。ある時2歳ほどになる女の子が、砂糖でコーティングされた抗マラリア薬をあめ玉と勘違いして大量に誤飲し、中毒死することがあった。仮に成人が同じようにして命を落とせば、悪い死とみなされていたところだが、この子の場合はあくまで、よくある子どもの事故死として扱われた。

II　不可視の世界に関わる死の原因

周りの人々にもっとも大きな衝撃を与えるのは、青年の事故死や原因不明の病死である。健康な青年が急病で落命すると、身体的な問題以外に何か別の要因があるとみなされ、人々はその原因についてさまざまに噂し合う。原因探求の方向性は出来事の様相に応じて異なるが、急死のような突発的な事態は、人間をとりまく世界にひそむ不可視の存在「ヤーン *yaang*」と結び付けて解釈される傾向がある。

ヤーンは「精霊」と言うべき存在であり、森の木や川や岩、あるいは集落にある家屋や儀礼用の建物など、カントゥの生活世界を構成する具体的な事物の中に存在すると言われる。人々は森に出かける時、特定のヤーンの居場所に近付かないようにし、また家屋のヤーンなどの場合には慣習的な決まりごとに従ってその機嫌を損ねないようにする。ヤーンはギモッチと同じく人間の目には見えない存在なので、人間はしばしばヤーンの居場所にうっかり足を踏み入れてその怒りを買うことがある。また、ヤーンはギモッチと違って、人々から直接的な関係をたどれる間柄ではないため、情け容赦なく人間を攻撃するとも言われる。こうした考えのもと、人々は突発的な出来事に遭遇すると、自分たちのどんなふるまいが、どのヤーンの領域に抵触したかを振り返り、そのヤーンとの距離を正常に戻そうとする。

以下の事例は、青年の急死を通してヤーンと人間の関係性が可視化されたものである。ある年、同じ村に住む20歳前後の青年男女が、原因不明の病気で立て続けに死ぬ出来事があった。どちらも発症してからきわめて短期間のことだった。とりわけ、ある青年が、夕方まで元気にサッカーをしていたのに、その晩、高熱を出してすぐに死んだことは、人々に大きな衝撃を与えた。女性や子どもは恐慌に陥り、家から出ようとしなくなった。村の長老たちは混乱を収拾するために、急死の原因について話し合い、その結果、不可視の存在に関わる三つの出来事を理由として洗い出した。

一つ目は、ある未婚のカップルに子どもができたためとされた。結婚前の男女が家の中で性交して子どもをつくるのは、家のヤーンの決まりごとに対する重大な違反とされる。二つ目は、儀礼用の建物チナール *chinar* の中で、ある男性が呪いの言葉を吐いたためとされた。男性はチナールで開かれた集会に出ていた時、自分のサンダルを他人が間違えて履いて帰ったことに腹を立て、サンダルを履いていった者は死ぬだろうという呪いの言葉を吐いた。こうしたふるまいは、チナールに宿るヤーンへの侮辱とみなされる。そして三つ目は、集落の外れにある森のヤーンに対して数年間、供物を捧げるのを怠っていることがあげられた。この森のヤーンは、この土地に以前住んでいた人々から引き継いだもので、毎年定期的に、また村で結婚や出産があるたびに供物を捧げるように申し送りをされていた。ところが、新参者であるカントゥがヤーンとの接触を嫌って放置していたため、ヤーンが怒って青年たちの命を奪ったのではないかと推論された。

この推論に基づき、村人たちはヤーンに対してそれぞれヤギ、水牛、ブタの供物を捧げて自分たちの罪をつぐなうとともに、ヤーンとの関係を修復しようとした。もっとも供物を捧げたからといってそれでただちに安心できるわけではないが、不可視の存在の関与という枠組みに言及することにより、人々は問題の構図を把握できた。上述のことから読み取れるのは、カントゥの死の風景が、人間の目に見えない世界との深いつながりを背景に成立していることである。

III　三つの霊魂

ここでは不可視の世界に関わる行為主体について検討する。カントゥは、人間には三つのアルワイ *arvaai* があると言う。アルワイは東南アジア民族学でよく知られた「霊魂」に相当するものである。霊魂といっても、アルワイはその持ち主の人格と完全に一致するとされたり、日常生活の中でその存在がつねに意識されたりするような存在ではない。内堀基光がイバン Iban のスマンガット *semangat* について述べているのと同様、むしろ、人間の経験世界と位相を異にする世界で活動する「分身」のようにみなされたり、生命力の源のように言われたりする［内堀・山下 1986: 42-43］[3)]。

アルワイの存在が問題として浮上してくるのは、人が病気になったり死んだりした時である。そうした時、アルワイは持ち主の体を離れると言われる。例えば、森に出かけた人がヤーンに遭遇すると、そのはずみでアルワイが体内から飛び出して戻ってこられなくなり、ヤーンにとらわれてしまう。アルワイの離脱は、持ち主の健康状態に顕著な影響を及ぼす。上述のように、急な発作や激痛に襲われると、周りの人々は、持ち主からアルワイが離脱してヤーンにとらわれたのではないかと疑う。そうした症状は、アルワイがヤーンの攻撃を受けている証拠と考えられるからである。ここには、持ち主の分身としてのアルワイの側面が現れている。周りの人々は、病人のアルワイを連れ戻すため、バナナの葉や木の枝でミニチュアの供物の籠を作り、ヤーンの通り道と言われる三叉路に置いてヤーンに向かってアルワイの解放を呼びかける。

人間の分身としてのアルワイという観念は、狩猟に関する慣習の中にも見られる。集落に急病人が出たのと同時刻に森で獲物を狩った人は、集落に戻ったらまっすぐ病人を見舞いに行かないと、病人は死ぬと言われる。ここには病人のアルワイと狩られた動物の同一視が見て取れる。持ち主から脱け出たアルワイが森をさまよっているうちに動物と一体化し、それが狩られたために、持ち主の命も尽きるという考え方である。

アルワイはまた、一定の年齢以上の人間に備わったものとみなされている。小さな子どもが急病になっても、親たちはアルワイの呼びかけを行わず、代わりにビボー *bibo* という人形を作って軒先に吊るす。ビボーは、衰弱した子どもをねらってやってくるヤーンの攻撃をそらす身代わりとされる。身代わりは大人の場合にもあるが、それはあくまでアルワイの観念と結び付いている。こうした対応の違いは、アルワイは持ち主の成長につれて強くなるものであり、子どもはまだ肉の塊にすぎないという観念に基づいている。このことは、上述した、乳幼児の死が大人とは異なる扱いを受けることにも対応する。

病気の文脈におけるアルワイは、持ち主の分身であるのか生命力の源であるのか不分明なところがある。一方で、アルワイの複数性が明言されるのは、人の死に際してである。三つのアルワイは人が死んだ時、それぞれ行き先が異なっている。一つは、葬儀の際、死体を目当てに集まってくるヤーンによって食べられる。これは「身代わりのアルワイ *arvaai njec*」と呼ばれる。

「身代わり」とされるわけは次の通りである。病気治しのために水牛や牛を供犠する儀礼では、供犠獣のアルワイが、生者のアルワイの身代わりとして食べられる。この取引の結果、生者のアルワイは返還される（ことが期待される）。ところが、葬儀では水牛や牛の供犠は行われない。代わりに、この身代わりのアルワイそのものがヤーンに食べられると言われる。つまり、身代わりのアルワイは、供犠における水牛や牛の役割を葬儀の場で代替している。ここには、ヤーンにとって人間と水牛が等価であることが読み取れる。ヤーンからみれば、人間も水牛も同じ食べ物というわけである。

二つ目のアルワイは「太陽のアルワイ *arvaai mong*」と呼ばれ、太陽に上るとされるが、それ以上のことについては説明が聞かれない。そして、三つ目のアルワイは「死者のアルワイ *arvaai kimoc*」と言われ、葬儀に引き寄せられてきたギモッチたちによって墓場へと連れて行かれる。この三つ目のアルワイが、人の死に際して、残り二つのアルワイと位相を分かち、異なる存在に変換されてギモッチの仲間入りを果たす。アルワイは観念的な存在というより、文脈依存的に言及される存在である。人の死においてアルワイが三つと語られるのは、死んだ人間が向かうべき三つの場所に対応するためである。

Ⅳ　死者の行方

カントゥの葬儀は、上述のようなアルワイの観念を下敷きに行われる。以下は、70 歳代の女性の葬儀の観察に基づいている。この女性はある年の 10 月、肺炎のため死んだ。10 月は雨季の終わりの、陸稲の収穫を数週間後に控えた時期である。女性が高齢であり、またたくさんの親族を村内にもつ人物だったため、残された家族は、大きな墓を作って埋葬することにした。しかし、そうした手間のかかる作業は慣習上、収穫後に行う決まりになっているため、墓作りと葬儀はそれまで延期された。死の直後、女性の死体はひとまず家から運び出され、丸木の棺に納められた。死体は、仰向けの状態で足のほうから先に外へ運び出された。これは死者を家に戻ってこさせないためとされる。親族の女たちが棺に取りすがり、いっとき、女性のアルワイを呼び戻す泣き声をあげていたが、それ以外の行為はこの時点で行われなかった。死体を納めた棺は、収穫が終わるまでの数週間、住居の床下に置かれたままになっていた。

陸稲の収穫後、12月末に墓がようやく完成し、12月31日の晩から1月1日の朝にかけて葬儀が行われた。棺は床下から引き出されて住居の前に据えられ、女性の着物や、彼女の愛用していた背負い籠やパイプが一緒に置かれた。葬儀はカントゥの言葉で「ルップ *rup*」と言われる。ルップは「銅鑼を叩く」という意味であり、死者が出たことをギモッチやヤーンに伝え、死者のアルワイを迎えに来させるために行われる。村人たちは自発的にルップにやってきて、遺族から食事のふるまいを受けながら、一晩中、棺を見守った。親族の女たちは棺に取りすがって泣き、男たちは交替で銅鑼と太鼓を打ち鳴らして棺のまわりを回り続け

写真2……ルップでは夜通し銅鑼と太鼓を打ち鳴らす。

た［写真2］。

ルップの銅鑼と太鼓は、棺のまわりを時計回りで進む。これは治病儀礼などの時に、水牛や牛をつないだ供犠柱のまわりを反時計回りで進むのと好対照をなしている。反時計回り *njing chang atoem* が福を招き入れる動作であるのに対し、時計回り *njing chang avaer* はペーリアン（穢れ）を払う動作とされる。大量の病死者が出たり、大火事が起こったりして集落の浄化が必要になると、左耳を切り落としたヤギを集落の中を時計回りで引き回してから殺し、今度はその血を反時計回りに撒いていく。ルップの銅鑼打ちも時計回りで始まるが、夜明けが近くなると突然、拍子が変わって反時計回りに逆転し、それ以後、反時計回りと時計回りが断続的に繰り返される。この逆転には、ルップに引き寄せられて集まってきたギモッチやヤーンを追い返すという意味もある。反時計回りと時計回りの繰り返しにより、ギモッチやヤーンをかく乱し、それらとの関係を仕切りなおすことを目的としている。

夜明けごろ、参加者たちは棺を担いで墓場へ向かった［写真3］。墓場は集落の外れにある疎林の中に開かれている。ここに女性を埋葬する大

写真3……野辺送り。白い棺が見える。

きな墳墓が前日までに築かれていた。墓は個別の死者ごとに作られる。家族や親族単位の墓やまとまった区画はなく、埋葬場所は墓の大きさに応じて決められる。野辺送りの一行は墓場に到着すると、小屋掛けをしてある墳墓の頂上部に棺を納め、女性の背負い籠やパイプや鍋を一緒に埋めた［写真4］。これらの副葬品は死者があの世で使う道具とされ、穴を開けて使えなくしてある［写真5］。穴を開けるのは、死者の世界が生者の世界とあべこべであることの象徴表現であり、死者と生者の世界の断絶を補強する要素と言える。埋葬の完了後、喪主にあたる女性の息子が、村人たちから受け取った香典の目録を読み上げ、死者に安らかにあの世にとどまるように言った。最後に参加者が全員で、包丁で野菜を切るような所作を3回繰り返して死者との分離を表現した。これを合図に参加者は解散した。女たちもそれまでは棺に取りすがり、死者のアルワイに呼びかけていたが、すぐに泣き止んで平静になった。

東アジア・東南アジア諸社会には、最初の死体処理のあと、一定期間をおいて二度、三度と弔いを重ね、個別の死者をより無個性的な祖先一般に変換していく儀礼が見られる。カントゥの近縁集団であるベト

写真4……棺の埋葬。

写真5……副葬品。左上の竹筒はタバコを吸うパイプ。

ナムのカトゥ Katu を調査したナンシー・コステロは、複葬の習俗を報告している。それによれば、カトゥは埋葬後数年してから棺を掘り返し、「ピン *ping*」と呼ばれる大きな穴の中に埋めなおす。ピンは過去の死者の棺がぎっしりと埋葬された集合墓である[4)]。水牛を供犠し、過去の死者に新しい仲間の受け入れを依頼する点で、カトゥの複葬は死者の脱個性化を目指していると言える［Costello 1980: 104-105］。こうしたことから、カントゥにもかつて同様の習俗があったと考えられるが、現在は上述の手順で埋葬した後はいかなる死者祭祀も行われない。土の墳墓に、掘り返しやすいかたちで棺を浅く埋める点に、複葬の名残がわずかに読み取れるだけである。だが、風化しやすい土墓自体が現在、セメント製のより恒久的な墓に取って代わられつつある［写真6］。

カントゥが複葬を行わなくなったのは、「ヤーン・ダン *yaang tang*」と呼ばれる家の霊を祀らなくなったことと関係していると思われる。ヤーン・ダンは家の秩序をつかさどる存在とされるが、形のある実体として対象化されることはなく、また何に由来するのかもはっきりしない。ヤーンの名が示す通り、自然の精霊に近い存在であり、生者を容赦なく

写真6……モダンな墓。

攻撃するとされる。そのため、人々はヤーン・ダンを恐れているが、どんなふるまいがその怒りに触れるのかはあいまいなところがある。

かつてカントゥの住居にはヤーン・ダンを祀る祭壇があったが、第一次インドシナ戦争のころ、平地からやってきた反植民地勢力によって取り壊された。ベトナム・ラオスの反植民地勢力は、第二次大戦直後からアンナン山脈に入り込み、そこに暮らす山地住民を独立闘争に動員することを目論んだ。しかし、山地社会の物忌みの習慣が、反植民地勢力の工作活動にとって大きな障害になった。住居や集落がたびたび物忌みで閉鎖されるため、村人の出入りが制限されたり、部外者の立ち入りが禁止されたりしたからである。そこで反植民地勢力は山地住民の年少世代を動員し、伝統的な生活習慣を破壊した。ヤーン・ダンの祭壇もその過程で破壊された。祭壇の破壊により、それを基盤に成立していた居住空間への出入りに関わる規範が実体的な根拠を失ってあいまいになったと考えられる。

複葬の習俗もまた、第一次インドシナ戦争に続くベトナム戦争の混乱で廃れてしまった。1970年前後の数年間、人々はアメリカ軍のホーチミン・トレイル爆撃を避けて森の中に分散居住しており、集合的な儀礼を開く余裕がなかった。死者とヤーン・ダンの関係はカントゥにとってもはや明らかでないが、近縁集団の事例から考えて、カントゥの複葬も本来は、個別の死者を最終的に、無個性的なヤーン・ダンに変換することを目指していたのではないかと推測される。ところが、ヤーン・ダンの祭壇が破壊され、死者とヤーン・ダンの関係があいまいになってしまったために、複葬の習俗も容易に廃れてしまったと考えられる。

次節で述べるように、ギモッチは生者の生活にたびたび介入するが、個別のギモッチは、人々の記憶が移ろうにつれて自然と忘れられていくだけであり、位格の変換を印付ける儀礼はもはや行われていない。これらのことを考え合わせると、ギモッチの介入は、ヤーン・ダンの祭壇や複葬の習俗が廃れ、ギモッチが行き場を失った結果として出現した、実は比較的近年の現象なのかもしれない。

V　死霊と生者の交流

身体的な不調や疼痛がしつこく続く時、人々はギモッチの介入を疑うようになる。カントゥの視点では、ギモッチが供物を要求する目的で、むやみに生者を病気にすることはない。ギモッチがやってくるのは、生者の側に、彼ら自身の気付いていない何らかの問題があることに注意を向けさせるためと考えられている。人々がギモッチをこのような道徳的存在と捉えていることは、ギモッチからの働きかけについての類型化の中に読み取れる。ギモッチからの働きかけは症状に応じていくつかのパターンに区別されている。

中でも比較的温情があるのは「ガイール *kail*」と呼ばれる働きかけである。ガイールは「憐れみをかける」と訳せる言葉であり、特に、自分の過失に無頓着な人に同情することを意味している。ギモッチが生者をガイールするのは、生者が軽率にも隣人との間に不和の種を撒き、それでもなお、事の重大さに思慮が及ばないからとされる。例えば、決められた畑仕事の手伝いや慣習的な贈物を怠ることは、人々の諍いの原因になる。ところが、生者にはその帰結が見通せない。ギモッチがその蒙昧を不憫に思って介入する時、生者はようやく自分たちのミスに気付くというわけである。

また、慣習的な行為に対する生者の違反を、ギモッチがより厳しく禁じたり罰したりすることがある。これらは「咎める *njaes*」、「叩く *taes*」と呼ばれる。ガイールの対象が主に生者の怠慢であるのに対し、これらの場合は慣習行為からの積極的な逸脱がギモッチの介入の動機とされることが多い。例えば、姻族の間で、慣習的に決められている以上の贈物や互助をしすぎることはギモッチからの懲罰の対象になる。また、後述のように若い男女が結婚せずに交際を深めることも、ギモッチが病気をもたらす原因になるとみなされており、家族の病気をきっかけに縁組が進められることがある。

ギモッチのもっとも破滅的なふるまいとして恐れられているのは、生者のアルワイを森のヤーンに「売り渡す *taic*」ことである。自分たちにいったん約束された供物がキャンセルされると、ギモッチは激怒して生者を見放すと言われる。そして、ギモッチに見放された生者のアルワイは森のヤーンのなぶりものにされ、持ち主は命を落とす。こうした事態を招かないために、ギモッチと交わした供物の約束は必ず守らねばならず、また、軽々しく約束しないように人々はきわめて慎重に行動する。

人々は上述の類型に沿ってギモッチの意図を推し量り、それに応じた対処をする。もっとも一般的なのは「タックプアルユア *tak puar yua*」という唱えごとである。布や生米を入れた銅鑼を病人につかませ、家族や親族がギモッチに向かって呼びかける［写真7］。以下は、ある女性を病気で寝込んでいたところを実兄が見舞って唱えたものである。

Ung akeu tong tarvat kanchon tarvat kanting
kimoc aoyn amum chachush yaya tima nano kan a phek
leu kimoc ammu sang ateua ma kail ma njaes ma taes
tonto kimoc aoyn amum sang ka gatar pron tarcho
ipe ma tak ma kail ma tak ka'ai som ka'ai loin
（邦訳）この褌と布を差し上げます
カナペックの父よ、母よ、じいさん、ばあさん、おじさん、おばさんよ
関わりのある全てのギモッチよ、どうか憐れみをかけないで、構わないで、叩かないで

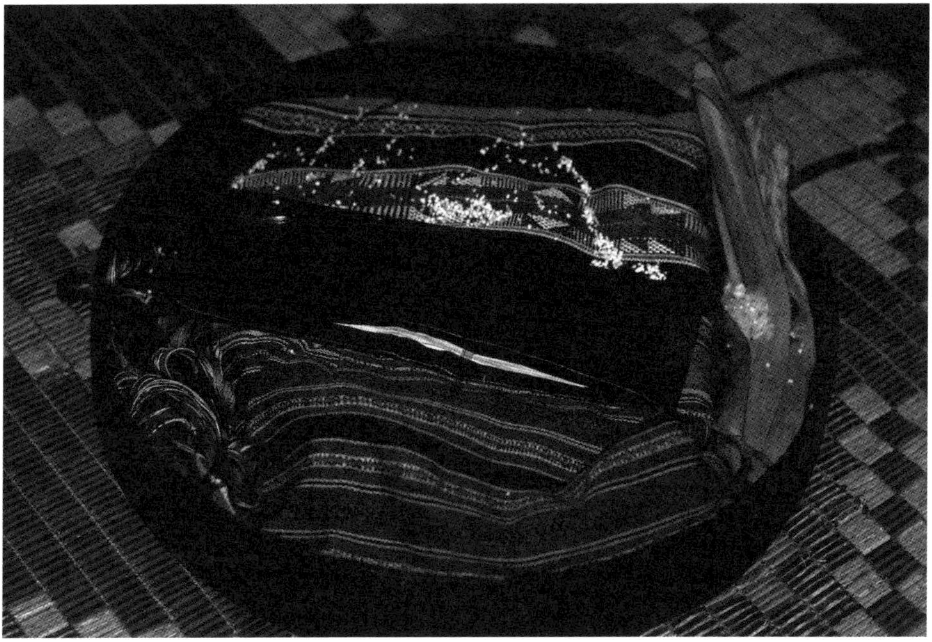

写真7……布と銅鑼。ギモッチへの呼びかけのとき病人につかませる。

父よ、母よ、私たち兄妹は助け合わず、いたわり合いませんでした
私たちに憐れみをかけないで、カナペックの腹や肝臓を痛くしないで

Antruk la gachom tor galokka te ao laka'ai beka e gator
agai gah hot tai neo mamok sasao ashigakaproi
ung akeu tong tarvat kanting kokoi chuteng vankokan chuteng tarvat kanchon
ipe ma njaes ma taes ma tak cha tam va ka'ai kan a phek
pui tai plo gogop galeng pong mor cho
（邦訳）草刈りの時、カナペックが病気なので、手伝いを頼みませんでした
誰が姉妹やその夫が苦しむことを願うでしょうか　誰が彼らのことを憎むでしょうか
この布を差し上げます　父方の死者はこれをもって立ち去ってください
この銅鑼は母方の死者に差し上げます　これをもって立ち去ってください　褌も

構わないで、何も言わないで、カナペックを苦しめないで
早く立ち去らないと炉の灰を投げつけます

simoi ao te makao tung chum ape achi lamoi tong ka'ai
puar galeng pong tarlong tartuk chooy ping tang tirang tipong sokang yangmat
pai pon seng leng yua tipat tat yua tipol gol har gop har dop pe mor cho kan leng pong
khatkhan khatkhan
ung choteng chocha moi puar pai pon seng leng yua tipat tat yua sang ten kimoc men me ira ka maimoi ya liang tiang yua ayu manyun
（邦訳）一つ、彼女を早くなおしてください、私たちも病気にしないでください
二つ、痛みを早く墓場の棺の中に持ち帰ってください、あなたたちはとても醜い
三つ、四つ、五つ、早くよくなれ、六つ、よくなれ、七つ、もぞもぞ近寄ってくるな
厭わしい者たち、早く窓を抜けて帰りなさい
これを持ち帰って食べなさい、一つ、二つ、三つ、四つ、五つ、早くよくなれ、六つ
もし本当に病気がギモッチの仕業なら、この指を全部ぽきぽきと鳴らしてください
もしそうでないなら鳴らさないでください、元気で長生きできますように

タックプアルユアは、ここでは「双方のギモッチに呼びかける」という意味を持つ。多くの場合、病気の原因となっている個別のギモッチを特定せず、このように父方、母方双方のギモッチに集合的に呼びかける[5)]。男性は、焼畑の除草を受妻者の側に手伝わせるという、当然行使すべき与妻者の権利を自分が行使しなかったことが、ギモッチの怒りに触れたのではないかと考えている。ギモッチに贈物をもって立ち去るように呼びかけ、最後にあごの下で指を鳴らす占いで、妹の病気がギモ

ッチの仕業であることを確認して終わっている。こうして周りの人々は、それぞれに思い当たる原因を挙げつつ、ギモッチに呼びかけ、病人の回復を願う。

病状が危険な場合、ギモッチへの呼びかけのなかで、病気治しのための供犠が約束されることがある。これはヤーンに対する身代わりの供与という観念とも結び付いている。上述の通り、供犠はいったん約束したら必ず果たさねばならないが、周りの人々は病人の回復を最優先に考えてしばしばこの方法を選ぶ。そして、供犠の約束を通して、このような事態をもたらした問題の修復をギモッチに誓う。

以下は、ある娘がマラリアで危険な状態に陥ってからの家族の対応を観察したものである。娘は投薬のかいなく、長期間、再発を繰り返していた。ある晩、娘が危険な状態に陥ると、親族が次々と娘を見舞ってギモッチに呼びかけた。この時父親は、娘の命を救ってくれるなら、いずれ供犠をして問題を修復することをギモッチに申し入れた。数日後、町へ出稼ぎに行っていた娘の兄が呼び戻された。すると突然、父親はこの兄の縁組を進め始めた。兄は村に戻って数日後に結婚し、それに呼応するかのように妹も回復していった[6)]。

後日の父親の説明によると、あの晩の娘の状態がそれまでになく危険に見えたので、娘の助命と引き換えに供犠することをギモッチに約束した。そして、ギモッチの介入の動機を周りの人々と相談したところ、息子に恋人と結婚しないでいるから、ギモッチが怒っているのではないかという仮説が浮かび上がった。そこで息子を呼び戻してみると、案の定、恋人がいることがわかったが、驚いたことに、その相手とは、さらに上の息子の別れた妻だった。それがわかってみると、娘が一向に回復しないことも、父親には納得できた。離婚にともなう婚資の返還が済んでいないことも、ギモッチの怒りの原因と考えられたからである。

こうしてギモッチのもたらした病気は、病人の周囲に潜んでいるさまざまな問題を明るみに出し、人々をその修復へと駆り立てていく。人々がこのように動機付けられるのは、人間の目には見えない事実をギモッチが指し示してくれるという確かな実感があるからである。

VI　死霊のまなざし

カントゥをとりまく自然社会環境は20世紀後半以来、大きく様変わりし、人々の生活世界を秩序づけていたタミアン *tamiang* と総称される慣習的実践の多くが廃れてしまったが、供犠の約束だけは未だに破ることができないとカントゥ自身が言う。本章で見てきた人間とギモッチの深い関わりは、人間の目には見えない存在から一方的に見られていることに対する不安や恐れが、カントゥの社会生活の基調をなしていることを示している。軽はずみな言動で不可視の存在を刺激したり、事の成否が不確かな企図を気取られたりしないように、人々は言動に慎重である。

本章では、カントゥにとって不可視の世界を構成するのがギモッチだけではなく、森のヤーンやアルワイなど、さまざまな存在であることを見てきた。そのなかでギモッチが特別の位置を占めるのは、彼らが生前、生者にとって身近な存在だったからであり、またその多くが尊崇に値する、きれいな死を迎えた人物だったからである。悪い死を迎えた人たちは、まれに邪悪な霊と化すことがあるが、悪い死の扱い方に見て取れるように、彼らは基本的に死後の世界に場所を与えられていない。それは未熟な乳幼児の場合も同様である。ギモッチとして言及されるのは、死の時点で勲功の高い人たちである。ギモッチへの呼びかけに見られる通り、生者から厄介払いを受ける存在であるが、そもそもの介入の動機がギモッチ自身の邪悪さに帰されることはない。ギモッチは、後に残した人々のことを見守る道徳的存在として立ち現れている。

本章ではまた、死者から家の霊への移行という死後の道程が20世紀後半の一連の戦争によって寸断された結果として、ギモッチが行き場を失ったことを示唆した。これが生者の世界へのギモッチの介入という現象の背景をなす出来事なのかどうか、民族誌や歴史資料からの憶測だけでは判断できない。しかし、身近な存在の死後の行方に思いをいたすという人間特有の想像力が近代に突如出現したと考えるべき理由はないだろう。ギモッチの歴史性の研究はなお今後の課題としたい。

注

1 —— 本章の資料は、平地にあるカントゥの集落で2001年から行ってきた調査に基づく。カントゥはラオス南部とベトナム中部にまたがる山地に居住してきた焼畑農耕民の自称であり、モン・クメール（アウストロアジア）語族の言葉を話す。現在は多くが、平坦な高原地帯に移住して水田稲作やパラゴムなど商品作物栽培に従事している。

2 —— この調査は2009年8月に、家族復元法を用いた人口動態調査の一環として行った。家族復元法は歴史人口学で開発された、戸籍を用いて家族構成の動態を把握する方法である。ただしカントゥには過去の戸籍がないため、思い出し法によって世帯ごとの人口動態を把握した。思い出し法は現在の家族構成を基準に過去に遡るため、直系の子孫を残さずに死んだ人が漏れる可能性が高い。ここでは記載漏れを最小限に抑えるために、他の資料で裏付けを取り、また対象期間を人々の記憶が確かな過去20年に限定したが、今後の調査によって数字は変化する可能性がある。

3 —— ただし、イバンとは異なり、睡眠中にアルワイが脱け出し、アルワイの見聞きした経験が持ち主の夢見に現れるという考え方はカントゥにはない［内堀・山下 1986: 43］。カントゥでは、夢見は将来の予知に関わる一種の認知能力とみなされている。

4 —— カントゥの言葉で「ピン」は、個別の死者を埋葬する通常の墓場を意味する。

5 —— 呼びかけに用いる銅鑼と布は、それぞれ母方、父方を象徴するものであり、結婚の際、双方の家族が相手方から受け取る品でもある。

6 —— 兄の結婚と妹の回復の間に医学生物学的な因果関係はないのは言うまでもないが、ここで父親が探求を試みたのは、病人をとりまく社会関係の全体像を照らし出す視点である。妹がこの時回復していなかったとしたら、改めて別の視点が召喚されたはずである。

参照文献

Costello, Nancy

1980 Death and burial in Katu culture. In *Notes from Indochina on ethnic minority cultures*. Marilyn Gregerson and Dorothy Thomas (eds.), pp. 99-106. Summer Institute of Linguistics Museum of Anthropology.

内堀 基光・山下 晋司

1986 『死の人類学』: 弘文堂。

第2部 民族

第3章
インドネシア・ブトン島ワブラ社会の歴史語りの民族誌
巡礼、農事暦儀礼と「真実の歴史」

山口 裕子

インドネシア東部のブトン Buton 島の東南沿岸部に位置するワブラ Wabula は、人口約 2,200 人の、キャッサバ、トウモロコシ、カシューナッツ等の農耕を主な生業とする村落社会である。ワブラは、今日のインドネシア政府公認の地方史では、ブトン王国（14 世紀頃－ 1960 年）の「防衛拠点」が置かれた平民の村として登場する以外は殆ど言及されたことがない。現在でもブトン社会の政治・経済的中心であるバウ・バウ Bau-Bau 市や、その後背地にあり、文化観光政策の目玉で、王族貴族のウォリオ Wolio 人が暮らすウォリオ城塞からは、地理的にも社会的にも遠隔地に位置している［写真 1］。

ワブラ人は、生活の様々な場面で「ブトン王国史」を語る。そのプロットは、今日ブトン社会に流通している、ウォリオ人とウォリオ城塞中心的なブトン王国史と酷似している。しかしワブラ人は自らを主人公とし、ワブラがブトン王国の起源地だったと語る。そして自らの語りこそが「真実の／本当の歴史 *sejarah yang benar*」だと言う[1)]。

写真 1……ウォリオ城塞からバウ・バウ市とブトン水道を望む。

ポストモダンの本質主義批判が、人類学の歴史研究に喚起したことに、あらゆる資料は、書き手（語り手）の政治的意図や、同時代の社会的背景等を包含する「歪んだガラス」[ギンズブルグ 2001: 48] だということがある。以降、人類学では、一方では実証主義を洗練させ、資料の「歪み」に対処しながら「より本当らしい」歴史に接近し [春日 2001]、他方では資料が包含するメッセージ性に着目しながら、作者の同時代の社会状況を探求してきた。後者の相対主義的な探求は、口述資料、つまりここで言う歴史語りに基づく歴史研究で多くの成果を生み出してきている。だがそこではしばしば語りの言説としての側面に関心が偏重し、人々の社会生活にそれを位置づける視点が欠けている [山口 2008: 9-18]。

私もまた、マスターナラティヴに対抗的なワブラ人の「真実の歴史」に出会った時、一方では、語りに登場する過去の出来事を、語り以外の資料によって跡付けようとし、また他方では語りに看取されるワブラ人のウォリオ人への対抗意識に着目し、その原因を両者の関係史の中に探ろうとした。だが、結論から述べれば、それらは語りの外部に客観的な形で見出すことはできない。それでもワブラ人は自らの語りを「真実の歴史」と言う。

ワブラ人がその歴史語りの「真実さ」を確信し実感するのはいかにしてか。本章はこの問いを、ワブラ村の社会生活の中に探求する民族誌である。人々が「真実の歴史」を語る複数の文脈から、1年周期の農事暦儀礼の中の巡礼儀礼に焦点をあて、ワブラ人の生の時空間にいかに不可分に「埋め込まれた」形でそれが語られているのかを記述し考察していく[2)]。

I　農事暦儀礼とワブラの1年

ワブラの社会生活は1年を周期とし、農事暦儀礼によって分節される。儀礼は、キャッサバとトウモロコシの耕作のプロセス、季節の移り変わり、月の満ち欠け等の「生態学的時間」[Evans-Pritchard 1939] に沿って行われる。東風の季節（乾季）の終り頃には、伐開儀礼バンテ *Bante* を行い、その後キャッサバの植え付けとトウモロコシの播種をする。その40日後にはピンカリ・ンカリ *Pingkari-ngkari* 儀礼をする。ここではセタン *setan* と総称される災禍の村への侵入を防ぐという目的で、供物を村の東西南北の「門 *lawa*<W」と呼ばれる地点に設置する。収穫前の1月頃の二十四夜月（新月）から6日間かけてマタアノ・ガランパ *Mataano Galampa* 儀礼が行われる。その後、それぞれトウモロコシとキャッサバの初物儀礼にあたるピドアアノ・カンプルシ *Pidoaano Kampurusi* とピドアアノ・クリ *Pidoaano Kuri* が行われる[3)]。

儀礼は、村に伝わる肩掛け布を踊り手の間で受け渡しながら夜を徹して行う舞踊、供物の作製と交換、そして巡礼等からなり、それぞれが非常に繁雑な諸過程からなる。進行を司るのは慣習的村落評議会の役職者サラノ・ワブラ *Sarano Wabula*（以下S.W.）である。S.W.は慣習長パラベラ *Parabela* を頂点とする位階構造をもつ。日常的には、生業や慣習に関わる案件を上程しながら協議し、最終決定はパラベラとイスラームの指導者イマーム *Imam* が行う。また例えば、農事暦儀礼における舞踊の順序や所作は、S.W.の職位に応じて厳格に定められており、踊り手は勿論、観衆として参加する一般村民もその規則を知暁している。そのことが示すように、儀礼は、それを通してS.W.の位階構造が再現、再確認される性質をもつ。

ワブラ人自身は農事暦儀礼の目的を農耕に直接関わる豊作祈願や収穫感謝等として説明することはない。代わってそれぞれの儀礼過程には、生殖による生命の発生から胎児の成長をへて誕生へ至る「人間の発生 *kejadian manusia*」に対比させる釈義がインドネシア語で与えられている。例えば舞踊では、肩掛け布の左右の端を細く束ねて踊る下位のS.W.の舞踊は「人間の形をまだ持たない胎児の動きを表す」とされ、より上位の役職者による、肩掛け布の一端を開いて踊る舞踊は「より活発な胎児の動き」を、そして両端を開くパラベラやイマームの舞踊は「頂点／誕生の段階を表す」とされる［写真2］。さらにワブラ人によれば、1年周期で実践される儀礼過程の一つ一つ、その間の期間もまた、「結婚（＝生殖）、受胎、妊娠期間、誕生に対応し、表す」。つまりワブラ社会では、一つ一つの儀礼過程、またそれらで分節された1年を通して「人間の発生」が繰り返し再演、再確認されるのである[4)]。

ワブラ人は、儀礼は「ワブラ社会の豊かな文化的価値の最も重要な根幹」であると述べる。1年の、それぞれ「受胎／頂点」と「誕生」にあたるマタアノ・ガランパ儀礼やピドアアノ・クリ儀礼には、マカッサルやアンボン等ブトン島外のインドネシア各地に暮らす多数のワブラ人も遠路帰郷して参加し、賑わう。集会場ガランパでの衆目の中での舞踊儀礼はもとより、ガランパとモスクの中間にあり「慣習と宗教を分かつ」広場オンボ *Ombo* での、観衆が誰もいなくなった深夜の月明かりの下での供物の交換儀礼でも、繁雑な儀礼過程は厳格な規則に則り粛々と実践される。その様相からは、ワブラ人は農耕やその他の「何か」の為に儀礼をしているというよりは、儀礼によってS.W. の位階的秩序やワブラ文化を1年周期で再現・再確認することそのものが生の目的であるように私には思われた[5)]。

写真2……肩掛け布を手に舞踊リンダを舞う慣習長。布の左右を開くのは「誕生」を表す。

II　巡礼儀礼と「真実の歴史」

巡礼儀礼は、雨季の中頃の収穫前、1年の「受胎／頂点」にあたるマタアノ・ガランパ儀礼の3日目及び5－6日目に行われる。始祖達が山上に築いた起源の村コンチュ *Koncu*、その後移住し、現在の沿岸部に移住する以前に居住していた旧村落リウ *Liwu*、そして「始祖達が投錨した地」を訪れる。ここでは、前二者への巡礼に焦点をあてたい。参加者は若い60人程のワブラ村民と、先導する数名のS.W. の年長者である。巡礼路には、石や墓等のワブラ人が「歴史の証拠 *bukti sejarah*」と呼ぶものが点在し、道中、年長者はそれらにまつわる過去の出来事、すなわち彼らの言う「真実の歴史」を若者達に語り聞かせる。以下ではワブラ人とともに「巡礼路」を辿りながら、「真実の歴史」を聞き、ワブラの祖先達の歩みを早足で追体験したい［図］。語りは2001年1月20日のフィールド・ノートに基づく。使用言語は、いくつかの

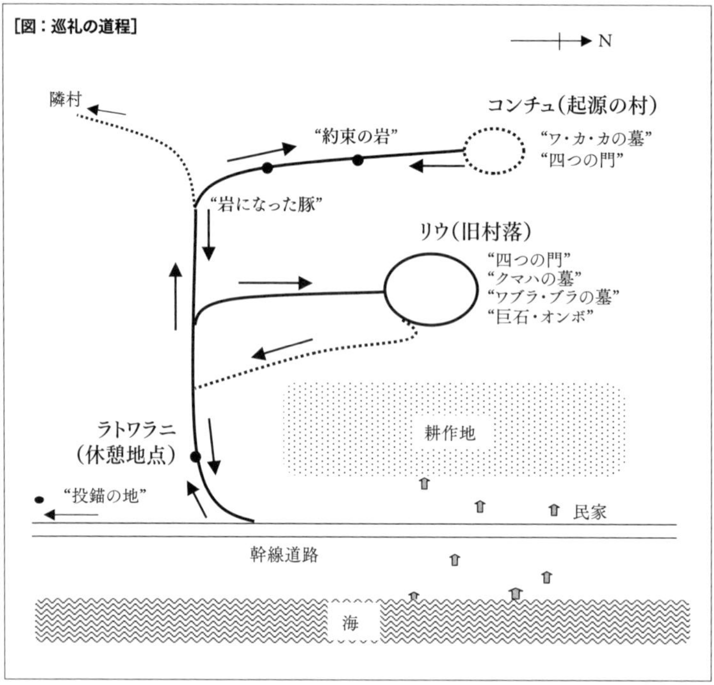

ワブラ語を除き大部分はインドネシア語である。

1) 起源の村コンチュを目指し巡礼路を進む

正午近く、一行はオンボの広場を出発した。村の南端から耕作地を横切り、深い藪の中の細い山道を登り始める。間もなく藪が直径数メートルほど開けた場所があり、一行は足を止めた。S.W. の年長の一人が語った。

[1] S.W.: ここはラトワラニ *Latowarani* だ。ラ・カンブエ *La Kambue* 達がコンチュを目指した時、最初に休憩した所だ。

声はその場にいる者には届く程度の大きさであり、皆黙って耳を傾けている様子である。

[2] 別の S.W.:（ラ・カンブエとは）ワブラの歴史と慣習、そして文化の中身

写真3……「岩になった豚」：ヒンドゥー時代の名残、証拠と言われる。

を入れた kambu-kambuno（<W）人物だ。ウォリオの歴史ではラジャワンカティ Rajawangkati…として記憶されている。彼はバンカ Bangka からやってきて、…最初に築いたのがコンチュ王国だ。ウォリオ王国は、ラ・カンブエがその後でコンチュを手本に作ったのだ。

巡礼路にはさらに何ヵ所か、ラ・カンブエ一行が休憩をとった地点がある。あるS.W.は、巡礼者は祖先達の行程に倣い、その全ての地点で休憩をとらねばならないと語ったが、実際に休止したのはそのうち3－4ヵ所であった。山道を登っていくと、隣村とコンチュへの分岐点に到達する。急峻な崖を登り、下草を鉈で切り開きながら進むと、路傍に巨石が10個近くごろごろと転がる所にさしかかる［写真3］。年長のS.W.1がそれらを指し語った。

[3-1] S.W.1: 祖先が飼っていた豚が岩になったものだ。われわれがまだブタを食べていたヒンドゥー時代の名残であり証拠である。

続けて別の若いS.W.2が、少し離れた所にある別の岩を指し語った［写真4］。

［3-2］S.W.2: これは同じ時代、その豚の番犬が石になったものだ。

先ほど「岩になった豚」について語ったS.W.1がたしなめるように言う。

［3-3］S.W.1: 犬は石になったりしない。そんな奇妙なことをいったら、我々が未開人 *primitif* だと思われてしまうじゃないか。

S.W.2は「罰の悪い」とも言える表情をしている。年配のS.W.1が、「*primitif*」というあまり耳にしない言葉を用いたことに私は驚きを覚えたが、一行は気に留める風でもなく、やりとりを黙って聞いている。

一行は再び歩き始め、やがて路傍に巨岩が横たわる所で歩みを止めた。表面には数本の刻み目がある［写真5］。傍らにいた若者達は、それが「約束の岩 *Batu Perjanjian*」という名であることを教えてくれた。S.W.が語った。

［4-1］S.W.: スリバジャラ *Suribajara* とワブラ・ブラ *Wabula-bula* の兄妹が結婚 *kawin* し、駆け落ちすることを決め、落ち合うことを約束した岩だ。表面に刻まれている線は、その約束事

写真4……「岩になった番犬」：だが、長老は「犬は岩になったりしない」と否定した。

写真5……「中国語」が刻まれた「約束の岩」：ワブラ人が中国起源であることの証拠と言われる。

写真6……「コンチュ」の城壁をよじ登る：ブトン王国の起源地と言われる。

を書きつけた中国語 *bahasa Cina* である。我々の祖先がまだ中国語を用いていた時代のものだ。（初代女王）ワ・カ・カ *Wa Ka Ka* は中国出身だがこの岩が証拠だ。「コンチュ」も中国語で「石・岩」を意味する。

[4-2] 別の S.W.: スリバジャラとワブラ・ブラの兄妹は、ワ・カ・カの子供である。ワ・カ・カの子供達は、本当は 10 人いるが、そのうち（上記の 2 人を含む）3 人は、ウォリオ人によって「ブトン史」からは抹消されている。

「約束の岩」の前で、一行は私に、「中国語」で刻まれた「約束事」の解読を要求した。だが私にはそれが文字には見えず、要望には応えられなかった。人々は落胆した様子であったが、「古い中国語だから解読できなくても仕方がない」と述べ、再び歩きだした。

2）起源の村コンチュとワ・カ・カの時代

一行がコンチュに到着したのは、村を出発した約 2 時間後であった。深い雑木林の中に、蔦に覆われ苔むした珊瑚石灰岩らしき高さ 3 − 4m の城壁がある。入り口はなく、太い木の枝を立てかけ足がかりにして城壁をよじ登り中に入る［写真 6］。内部にはもう一重、城壁跡らしき人工的な石の堆積物がある。S.W. によると、コンチュ要塞は、前出のラ・カンブエ達が建設し、東西南北に 4 つの城門があると言う。しかし城壁は破損が激しく周囲は濃密な雑木林で覆われており、一つの門の跡以外は所在を確認できない。城塞の周囲に水場はなく、現在では人間の生活の痕跡は全くない。

城壁の内部は、60 人程の儀礼の参加者で手狭になる広さの平地である。中央には、セメントで約 3.5m × 2.5m の長方形に囲った墓がある。囲いの内部には人頭大の石が敷き詰められ墓標はない［写真7］。一人のS.W.が語った。

[5] S.W.: これがワブラの始祖で、コンチュ国の初代女王であるワ・カ・カの墓だ。ウォリオ人は、ワ・カ・カの最期について「鳥になって飛んで行った」等と言っているが、それは正しくない。本当は（コンチュ王になった後）ウォリオ王国の女王になり、その後、故郷ワブラに帰ってきて亡くなったのだ。それが真実の歴史だ。彼女はヒンドゥー教だったため、（イスラーム式のような）墓標はない。この墓がその証拠だ。

墓の傍らでは、S.W.らが火を起こし、事前にイマームが供犠したヤギの頭を焼く。竹を編んだ供物台にその肉片を置き供物を作製する。S.W.の一人が周囲の者に語った。

写真7……「ワ・カ・カの墓」：公定史ではブトン王国初代女王ワ・カ・カの最期は不明とされる。

[6] S.W.: ワ・カ・カはコンチュ国の初代女王に就任した後、ブトン全体を統治するためにより戦略的な場所に都を作る必要性を感じた。そこでラジャワンカティ（ラ・カンブエ）らと共にウォリオの地に王都を造り、自らがウォリオ王国の初代女王も兼任することに決めた。しかし当時はまだブトンの政治の中心はコンチュにあった。しかしクマハ *Kumaha* 王の時代、ムルフム *Murhum* の裏切りと騙しにより、ブトンの中心地はウォリオに奪われ、ワブラはブトン王国の中のマタナ・ソルンバ *Matana Sorumba*（防衛拠点）の地位に陥落してしまった。これが真実の歴史だ。しかしこのことはウォリオの歴史には書かれない。真実はいつも書かれないのだ。

墓の中では、年長者が「夢見」や「祖先の名を呼ぶ」儀礼を行っている。傍らで若い村人達は、一連の儀礼過程を見守ったり、手伝ったりしながら「真実の歴史」に耳を傾けている。その後、参加者全員で供物台からヤギの頭の肉を下し共食した。

3）旧村落リウとクマハの時代

午後3時、起源の村コンチュを後にした。小1時間坂を下っていくと、沿岸部に位置するワブラ村と山頂のコンチュの中間付近の低丘陵上に、リウの城壁が見えてくる。道中、S.W. が周囲の若者達に語ったのは次のことである。

[7-1] S.W.：ワブラがコンチュからリウへ移住したのはクマハ王の時代だ。ピマヌ *pimanu*（鶏による卜占く W）の結果リウの場所を選定した。イスラームに入ったのもクマハの時代である。…

[7-2] 筆者：ワブラにイスラームを伝えたのは誰ですか。

[7-3] S.W.：シェ・アブドゥル・ワヒド *Syek Abdul Wahid* だ。

[7-4] 筆者：ウォリオ王国にイスラームを伝えたアブドゥル・ワヒドと同じ人物ですか。

[7-5] S.W：そうだ。しかしイスラーム化はウォリオよりワブラの方が先だ。アブドゥル・ワヒドは最初（ブトン島南端の）ブラガシ *Burangasi* に上陸し、ウォリオに向かう途中、ワブラに立ち寄った。クマハは、イスラーム化する前にすでに40年間コンチュを統治していたが、イスラーム化した後もさらに40年間統治した。

旧村落リウは高さ約2－3m、周囲2km ほどの珊瑚石灰岩とみられる城壁に囲まれている。現在、城塞の内部には一組のワブラ人夫婦が居住し、キャッサバとトウモロコシを耕作している。城壁にはコンチュと同様に4ヵ所の門があり、内部には高床式の住居跡、墓、建物の基礎等がある。それらを指さしながら、年長者が語った。

[8] S.W.：（草むらの中の建造物の礎石を指し）これがガランパである。（その傍らを指し）コンチュから移住してきた祖先達が初めて村落会議を開いたのがトンガ・アタ *Tonga Ata*（という地点）である。（その向かい

側のセメント製の建造物の基礎を指し）これがモスクの跡である。（ガランパ跡とモスク跡の中間の高さ 2m ほどの黒色の鍾乳石様の石柱を指し）これが慣習と宗教を分かつオンボである。人々がまだリウに暮らしていた時代には、マタアノ・ガランパやピドアアノ・クリは、このガランパとオンボの広場で行われた。

城壁の内部には、前出のクマハ王の墓や、語り［4-1］［4-2］にも登場したワ・カ・カの末娘ワブラ・ブラの墓等がある。墓を指し、ある年長者は、ワブラ・ブラの名が、ワブラ村の名の起源であること等を語った。若者達は城塞内を散策したり、ココ椰子の果汁でのどを潤したりしながら、語りに耳を傾けている。

4）旧村落リウから現在のワブラ村へ

日が傾きかけた頃、一行はリウを後にし、帰途に就いた。道中、数人の S.W. との会話から、リウから現在の沿岸部のワブラ村への移住が 1960 年代末頃以降であることが見て取れた。また、若者の約半数が、今回が初参加であり、残りの者達は、かつて参加した時にも年長者から同様の「真実の歴史」を聞いたと語った。若者の多くは、巡礼儀礼以外の何らかの機会に「真実の歴史」の概要を聞いたことがあるが、「儀礼で初めて『約束の岩』『始祖の墓』等の『歴史の証拠』を目の当たりにし、より詳細な真実の歴史を聞いた」「コンチュにも、今のワブラ村と同様、4ヵ所に門があり、リウにはガランパやオンボがあったことを知った」と語った。つまり、巡礼者達は、ワブラの祖先達の歩みを追体験する中で、東西南北に位置する門と、モスク、ガランパその中間の巨石オンボ跡等から構成される現在のワブラ村の構造が、コンチュやリウを模範としていることを目にし、さらに今日のワブラ文化の根幹である儀礼の起源もこれらの起源地にあることを、自らの体験を通して知覚的かつ具体的に確認するのである。

巡礼路から下方に海や村が見え始めると、おそらく筆者と同様に、疲労感とともに安堵感と達成感を覚えていたのだろう、巡礼者達は坂道を足早に下っていく。一行が村に到着したのは出発してから約 7 時間半後の夕闇がせまる午後 6 時 30 分であった。

III　聖地への時間の旅

ここまでは、ワブラの諸儀礼を言葉の一般的な意味で「巡礼」と呼び記述してきた。

起源地を訪れ、祖先達の行いを追体験し、供物のお下がりを共食するワブラの一連の儀礼は、まさに「価値ある理念を体現する場や状態を探し求める人々による旅」［Morinis 1992: 4］であり、そこには通過儀礼における「分離→移行→統合」というプロセスや、「神聖な物との合体」［ターナー 1996; ファン・ヘネップ 1977］等、世界各地の巡礼と共通する特徴が明確に見て取れる。だがワブラの巡礼儀礼の特徴は、さらに複合的である。以下ではそれらをややランダムに挙げながら考察してみたい。

1）地位陥落の物語

ワブラの巡礼の特徴は第一に、その中で辿り再現するのが、神話的あるいは起源的な過去の一時点の出来事や祖先の行いではなく、相当の時間的幅をもった過去の出来事群、歴史だということである。道程では、年長者が巡礼路に残る様々な「歴史の証拠」との接触を契機に、祖先達の歴史的歩みを、若い村人に語り聞かせる。これらの過去の出来事、長短様々な語り（群）のいずれをもワブラ人は「真実の歴史」と呼ぶ。上述の語り［1］－［8］を出来事が生起した時系列にそって並べてみると、以下の通りになる。

> ラ・カンブエ（「ウォリオの歴史」ではラジャワンカティとして知られる人物）がやってきて、コンチュの地にブトン初の王国を創設した。ワブラ（コンチュ）王国の歴史、慣習、文化を模範にウォリオ王国は建設された［1］［2］。ワブラ王国の初代女王ワ・カ・カは中国出身で［4-1］、ウォリオ王国の女王も兼任した後ワブラで死亡した［5］［6］。彼女の墓や「岩になった豚」が示す通り、当時はヒンドゥー教だった［3-1］［5］。ワブラのクマハ王の時代に、ブトンの中心はウォリオ人王に騙し取られ、ワブラはブトンの模範的中心から一防衛拠点に陥落した。しかしこのことは「ウォリオの歴

史」からは末梢された［6］。クマハ王の時代にワブラ人は旧村落リウに移住しイスラーム化した［7-1］－［7-5］。人々がリウに暮らしていた時代も、今日と同様にガランパやオンボの広場で儀礼は行われた［8］。

このように「真実の歴史」は、ブトン王国の起源地であり模範的中心だったワブラ（コンチュ）の地位陥落をクライマックスとし、その後のイスラーム化と移住の経緯を語る。

2）時間の空間化

実際の巡礼では目的地に向けて巡礼路をどんどん行進していくため、話題は、路傍に「歴史の証拠」が登場する順番で、それらにまつわる出来事や人物に関する短いエピソード（群）の単位で語られる。こうした想起や語り方は、フィリピンのイロンゴット Ilongot 人や［Rosaldo 1980］、内堀が報告したボルネオのイバン Iban 人［内堀 1996］、そしてブトンの王族貴族ウォリオ人がウォリオ城塞に残る様々な「標し」を指しながら語る方法［山口 2003; 2008］と共通する。そこでは、出来事は時系列にそって語られるのではなく、いわば個々の空間に結びついている。だが巡礼儀礼ではコンチュ、リウ、現在のワブラ村へという行程を通して、祖先の歴史的な歩みの全体の流れは参加者によって明確に認識される。その意味で「時間は空間化」［Rosaldo 1980］している。

3）複数の語り口

「真実の歴史」は、一種荒唐無稽な語り口と、フォークロリスティックで部分的には合理的ともいえる語り口が混在している。前者の例は「豚は石になり、犬はならない」という語り［3-1］［3-3］であり、後者の例は「豚だった岩」を、（「豚がなぜ岩になるのか」という疑問は残るものの）「ヒンドゥー時代の証拠」とする語り［3-1］、「犬が石になる等と言ったら未開人だと思われてしまう」と外部に映る自己像を意識した語り［3-3］等である[6)]。これらの語り口の混在は、年長の非識字者、近代学校教育を受けた世代、ワブラ村外に居住するワブラ人等、語り手の属性に関わらず看取され、ワブラ人によってあえて「混在」として疑問に付されることはない。語り［3-2］［3-3］のように、即興的な語りが加えられることは稀にあるものの、「真実の歴史」の物語全体に変更を迫るような異説が唱えられることはない。「真実の歴史」は、ワブラ社会内部での整合性が高い。

4）二つの方向性

「真実の歴史」の語りからは二つの方向性を見て取れる。一つは過去に向かう。つまり過去の出来事を語ることで、過去を語られた姿ならしめるという、いわば行為遂行的な性質である。もう一つは、現在に向かい、語られた過去の出来事群を通して、語り手の現状や語りの目的を表現するような性質である。つまりワブラ人は、自らの現在の周辺性や、ウォリオ人や「ウォリオの歴史」の不正を、「本来の名」の読み替えや、ワ・カ・カに「10人の子供達」がおり「コンチュ国とウォリオ国の女王を兼任した」こと、「ウォリオ人王の裏切り」等の出来事と、それらが「ウォリオの歴史から末梢された」といった操作とともに、語りそのものの中で明示的にパラフレーズしているのである。

5）「真実の歴史」と「ウォリオの歴史」

このように「真実の歴史」には、「ウォリオの歴史」がしばしば対比的に登場する。ワブラ人の言う「ウォリオの歴史」とは、外来の始祖がウォリオの地に王国と城塞を築き、王族・貴族ウォリオ人としてブトン王国を統治するという、現在ブトン社会内で流通する「ブトン王国史」を指すと見られる。このブトン王国史は、ブトン王国最後のスルタン *sultan* の公設秘書で、民俗史家だった一人のウォリオ人が、ウォリオ社会に伝わる口承と若干の文字史料に基づき編纂した年代記を、1970年代にインドネシア中央政府が公定ブトン地方史として採用、出版したもので、その後のスハルト大統領時代の地方文化、教育政策を一つの回路としてブトン地方の隅々まで流通した。実際にブトン内部の部分社会では、このウォリオ中心ヴァージョンは、公定史として認知されているのみならず、ウォリオ城塞を中心とし、自らを周辺的な一部に位置づけるような各村落社会の歴史語りの中でも内面化されている［山口 2008: 159-165］。

ワブラ人の「真実の歴史」は、「地位陥落」以降、ワブラ（コンチュ）が「防衛拠点」としてウォリオを中心とするブトン王国の一部となったことを述べる点では（語り［6］）、他の部分社会の語りと共通する。だが、ワブラでは「地位陥落」以前の時代、ワブラ（コンチュ）こそをブトン王国の起源地、模範的中心と語る点で異なり、対他的、抗ウォリオ的な性質が語りのプロットにすでに織り込まれている。その意味では、「真実の歴史」の「真実 *benar* さ」は、ウォリオの歴史との対比に基づき、後者の誤りを正した「正しい歴史」という意味をもつ。この対他性は、儀礼以外の日常的な文脈で「真実の歴史」が語られる時により前面に出る［山口 2008: 223-224］。これに対し、巡礼儀礼で人々が「歴史の証拠」を指さしながらそれを語る時、「真実の歴史」の「真実さ」とは、「真にそこで起こった出来事」つまり「史実」のニュアンスにより近い。そこでは対他的なメッセージ性の強調よりも、祖先達の歩みを確認しながら、若い世代へと伝えることが第一義的となる。

ワブラの巡礼儀礼は、祖先達の起源から現在までの歩みを追体験し、それについての語り「真実の歴史」を聞くことを通して、若者達が「真実の歴史」を「真実」として確認する時間の旅である。言い換えれば、「真実の歴史」を「真実」として受け入れることがワブラ人である（になる）ことである。困難な巡礼を共にすることによって生まれた一体感とともに、参加者はこのワブラ人をワブラ人たらしめる、最も重要な知識を体得する。その意味で、ワブラの巡礼儀礼は、ファン・ヘネップらが巡礼儀礼に指摘したように、イニシエーションの場である［ファン・ヘネップ 1977；ターナー 1996；Morinis 1992］。

Ⅳ　生きられる歴史語り

近年の歴史研究は、資料に含まれる政治性やレトリックに対処し、記述の方法を洗練させながら、対象社会の過去の歴史や語り手の同時代の社会状況を探求する道を開いてきた。そしてワブラの「真実の歴史」は、そのプロットそのものの中で、過去と現在について語っていた。そのため語りは、語られた過去と、語るワブラ人の現状の双方を視野に入れた探求を要請したのである。

紙幅の制限から結論のみ述べれば、ここで問題となる「過去」、すなわちワブラ人の語る「真実の歴史」の出来事——ブトン王国の起源地はワブラのコンチュにあり、ウォリオ人の裏切りによってワブラの地位は陥落した——が史実であるかどうかを同時代（16 − 17 世紀頃）の外部資料に基づき検証しても、跡付けることはできない［山口 2007］[7)]。

では、ワブラ人は「真実の歴史」の語りを通して、自らの現状について何らかのメッセージを発しているのだろうか。確かに、近年の民主化と地方分権化を受け、地方資源としての「ブトン王国の歴史と文化」の掘り起こしや、かつてのブトン王国の勢力圏に相当する新州分立計画が進む中で、ウォリオ中心的なブトン王国史が地方を代表する歴史として提示され、ウォリオ人が政治的主導権を握る機会は増えている。同時に平民諸社会はブトンの周辺に再定位されている。その意味でワブラ社会の周辺性はブトンの他の部分社会にも共通する。このことを鑑みると、なぜワブラ人はウォリオ人に対抗的なのかは、なおのこと疑問となるのである。

簡略化して述べれば、ブトンにおけるウォリオ人の中心性は、客観的に辿れる限り、遅くとも 20 世紀初頭のオランダ植民地期には彼らが現地人官吏として登用され、インドネシア独立期には地方の行政官となった後、スハルト政権期の国民統合政策の中で確立してきた［山口 2008: 175-199］。内堀は、「民族」生成のメカニズムに関する論考の中で、外部勢力によって「名付け」られた共同体が、進んでそれを受け入れ名乗ることは、「全体社会の秩序化への服従であるとともに、それを機会としてとらえた自己の拡張と組織化への試行でもありうる」と述べる［内堀 1989: 34］。内堀に倣えば、ウォリオ人はその近現代の歩みの中で国家中央からブトン地方の代表として「名付け」られ、自らもそれを「名乗る」ことを通して、インドネシア国家に一地方として参入し、ブトン地方の中では代表・中心という地位を獲得した。この間ワブラ人は国家中央から名付けられることも、まなざされたこともなく、近現代の歩みを客観的に辿ることは難しい。また現在の実生活においても、ワブラとウォリオの間の人・もの・情報の流れは非双方向的で、両者の直接的な交流は稀である［山口 2005］。つまりワブラ人のウォリオに対する対抗意識の起源となる出来事を、近現代の社会状況の中に客観的に跡付けることはできない。それは、「真実の歴史」の中で語られる「ウォリオ人の裏切りと騙し」（語り［6］）の外には見当たらないのである。それでもワブラ社会では「真実の歴史」の「真実さ」が疑問に付されることはない。

このことが明るみにするのは、近年の人類学の歴史研究は、歴史語り（記述）を過去の「史実」の再現／表象、あるいは同時代の政治的レトリックの表象と捉え、語りの外部、すなわち「史実」や「レトリック」ないしは「政治」等にその「真実性」や存在の根拠を求めてきたということに他ならない。「真実の歴史」の「真実さ」に接近するには、語りを上の二つの「表象」という枠組みから解放し、ワブラ人の抗ウォリオ的性質の直接的な要因は、「真実の歴史」の外側ではなく内側にしか見当たらないということを一旦受け入れる必要がある。その時再び想起されるのは、「真実の歴史」が、観察者には説明しがたい性質を内包したまま、ワブラ社会でまさに「真実」として語られ生きられているという現実である。そのことを可能にするワブラ人の「生の条件」とでもいうものは、語りと、語りを一部分とするワブラの社会生活に関するこれまでの記述の中に探るしかない。

その「生の条件」の一つは、今日のワブラ人の社会生活における「ブトン」という枠組みの重要性にある。「真実の歴史」は、単にワブラ村の起源譚でもなく、自らをインドネシアや世界の中心に位置づけるのでもなく、あくまで「ブトン王国の本当の起源地、模範的中心」として語っていた。ワブラ人は、他のブトン島の住人と同様、自らがかつて「ブトン王国」の一部だったとする歴史的帰属意識に基づく緩やかな「ブトン人」アイデンティティをもつ。さらに近年ではかつてのブトン王国の勢力圏に相当する新州の分立計画の中で、人々にとって「ブトン」は、もはや単なるアイデンティティの象徴的な指標ではなく、近い将来政治的内実を持ちうるより明確な枠組みとなってきている。このことが「ブトン」を問題とする「真実の歴史」の「真実さ」をワブラ人に確信させ実感させている[8)]。

だが以上のことは、程度の差はあれワブラ以外の平民村落にも該当する。抗ウォリオ的な性質をプロットに織り込んだ「真実の歴史」の「真実さ」をワブラ人に実感させるいま一つのさらに決定的な条件は、ワブラ村における社会生活の時空間にある。本章前半の記述を思い出したい。ワブラ人は、農事暦儀礼を通して、起源以来の歴史的歩みの中で確立してきたワブラ社会の秩序、慣習、宗教を、1年周期で再生させ再確認する。その意味で、「真実の歴史」がワブラ社会の中で想起され語られる場は、古い要塞や祖先達の墓、そこへ至る巡礼路等の形でワブラ人の生活空間の一部を構成すると共に、1年周期の農事暦儀礼の実践の中に組み込まれ、生活時間の「最も重要な根幹」として埋め込まれている。ワブラ人によれば、彼らはその1年を繰り返し生きてきたし、その繰り返しからなるワブラ人の歴史的歩みの「証拠」自体を現在にはっきりと残す時空間の中で生きている。「真実の歴史」の真実さに「実感」を与え、「真実の歴史」の延長線上に彼らの生を位置づけ、現在において語らせるのは、このワブラ村という時空間における生なのである。

以上、ワブラ社会を舞台に、いわば「歴史語りを生きる」ことによってその「真実さ」を実感するような、実証主義や相対主義が想定するのとは異なる、人々の生と歴史との関わり方の一端を叙述してきた。史跡等を訪れた際、ある出来事が、まさにそこで起こったのだという実感とともに生き生きと想起されるという経験は、私達の周りでも決して珍しくない。一方で、通常歴史学が想定する、言い換えれば私達に馴染みの「歴史」では、出来事の「真実さ」を実感する際の「証拠」は位階づけられている。そこでは文字資料が頂点にあり、語り、もの、そして生活の中で歴史を再現し「生きること」はその下位にある。ワブラ社会の「真実の歴史」の在り方は、こうした私達に馴染みの「歴史」の特徴を逆照射する。ワブラが放つ光の下で、私達の歴史の特徴を相対化することが今後の課題の一つとなる。だがそれは、「私達の歴史」の鏡としての「彼らの歴史」の特徴を単に代弁することではなく、両者の差異とともに連続性の在処を見極めていくような作業になるだろう。

注

1 ―― 以下ではインドネシア語とワブラ語の主要語句を原語で記し、特に後者にはWと付す。

2 ―― 「真実の歴史」は儀礼以外にも、実社会で起こる様々な出来事と関連付けられ、日常的な文脈で頻繁に語られる。詳細は［山口 2008: 120-143］を、また、文脈に応じた歴史語りの諸特徴については［山口 2008: 197-227］を参照されたい。

3 —— 農事暦儀礼の全過程の詳細は［山口 2005］を参照されたい。

4 —— 生態学的時間と農事暦儀礼及び民俗表象の関係は［山口 2008: 114-118］で述べた。

5 —— 2001 年 1 月 21 日フィールド・ノートより。

6 —— さらに儀礼外の文脈も視野に入れれば、散発的でワブラ語を多用する語り口と、編年体でインドネシア語を用いた語り口を両方の極とし、複数の語り口が連続しながら併存している。語りが向けられるのがワブラ社会内部の場合は前者が、外部の場合は後者の語り口になる傾向があるが、いずれがよりオリジナルかという峻別は難しい［山口 2008: 223］。

7 —— 同様に、公定史であるウォリオ中心的なブトン王国史の草創期の出来事を客観的に跡付けることはできない。つまり双方の語りは、当該の時代に限って言えば「実証性」の点からは同位に位置づけられる。具体的論証は［山口 2008: 166-174］で行った。

8 —— さらには、ブトンにおけるウォリオの中心性の高まりが、ワブラ人に、「真実の歴史」が語るウォリオとの歴史的関係性を益々鮮明に想起させ語らせると言えよう。

参照文献

Evans-Pritchard, E.E.

1939 Nuer Time-reckoning. *Africa* 12: 189-216.

ギンズブルグ、C.

2001 『歴史・レトリック・立証』上村忠男訳：みすず書房。

春日 直樹

2001 『太平洋のラスプーチン：ヴィチ・カンバ二運動の歴史人類学』：世界思想社。

Morinis, A. ed.

1992 *Sacred Journeys: The Anthropology of Pilgrimage*. Greenwood Press.

Rosaldo, Renato

1980 *Ilongot Headhunting 1883-1974: A Study in Society and History*. Stanford University Press.

ターナー、ヴィクター

1996『儀礼の過程』冨倉光雄訳：思想社。

内堀 基光

1989「民族論メモランダム」『人類学的認識の冒険：イデオロギーとプラクティス』田辺繁治（編）、pp. 27-43、同文舘出版。

1996 『森の食べ方』：東京大学出版会。

ファン・ヘネップ

1977 『通過儀礼』綾部恒雄・綾部裕子訳：弘文堂。

山口 裕子

2003 「ウォリオの歴史の語り方―ブトン社会の起源からスルタネイト初期までを中心に」『アジア・アフリカ言語文化研究』66: 75-116。
2005 「インドネシア・ブトン島ワブラ社会における農耕関連儀礼と『民俗表象』」『アジア・アフリカ言語文化研究』70: 151-180。
2007 「16 − 17世紀のブトン王国と周辺諸勢力間関係―文字資料からみる東部インドネシア小史」『東南アジア―歴史と文化―』36: 119-152、山川出版社。
2008 『インドネシア・ブトン社会における歴史語りの社会人類学的研究』(博士論文、一橋大学提出)。

第2部 民族

第4章

ポトラッチの行方

カナダ北西海岸先住民サーニッチのスィョクゥェアムと死に関する民族誌的「情報」

渥美 一弥

本章はカナダ、ブリティッシュ・コロンビア州に居住する、北西海岸先住民サーニッチ Saanich のポトラッチ *potlatch* [1)] の現在と「死」に関する民族誌的「情報」の報告である。ポトラッチというと私には長年心に引っかかっていることがある。サーニッチの長老から次のような内容の思い出話を聞いた時のことだ。

「ある男が妻を亡くし、友人や親族を呼んでポトラッチを開いた。豪華な食事の後、男は彫刻家に作ってもらったばかりの長さ 5 メートルほどのカヌーを披露した。そのカヌーには（サーニッチの人々にとっては馴染み深い）ワタリガラスやカエルなどが彫ってあり、美しいペイントが施されていた。彼は、招いた人々にそのカヌーの中を見せた。その中には、船底から 20 センチくらいの厚さで一面に 25 セント硬貨が詰まっていた。そして、男は妻を亡くした悲しみを表現するために、硬貨がいっぱい詰まったその真新しいカヌーを人々の目の前で海に沈めた」。

写真……サーニッチの団結のシンボル。トーテム・ポール。

場所はカナダ、ブリティッシュ・コロンビア州ブレントウッド・ベイ Brentwood Bay である。その場にいて、この話を聞いていたサーニッチの人々をはじめとする先住民の人々は口々に「いい話だ」と言っていた。「感動した」と言って涙ぐむ者もいた。しかし、私の感情は感動というものからは程遠かった。もったいないという感覚もあったが、少なくとも一緒に涙を流すような気持ちにはなれなかった。

その後、20 年以上サーニッチに通い続けているものの、実際にサーニッチの人々が涙するようなポトラッチに出会ったことが私には無い。婚姻に関する儀礼はすでにユーロカナディアンの「結婚式」と変わらないものになっているし、命名儀礼も盛大なポトラッチを伴ったものではなく儀礼終了後にご馳走が振舞われるだけである。唯一ポトラッチらしきものは葬儀の後にある。そこで、本章はサーニッチにおける葬儀の事例から始め、サーニッチに特徴的な葬儀の後に行なわれる食物を燃やす行為「スィョクゥェアム *SYOQWEUM*」について報告し、サーニッチの間でポトラッチの要素が置かれている社会的背景について検討する。（尚、本章における現地語の表記はサーニッチの言語については故D長老考案の表記法を用い、その他の言語についてはカナダの慣例に従う。）

I　ポトラッチについて

北米大陸北西海岸地域の先住民は、祝祭の場において、交換する贈り物の量や破壊する贈り物の量で競い合った。受け取った側が貰ったもの以上の贈り物ができない場合、受け取った側の敗北となり、社会的地位を下げることになる。これがいわゆるポトラッチである。このポトラッチに関して最も古くから広く定着しているものにフランスの社会学者マルセル・モースの見解がある。『贈与論』［1973(1949)］においてモースは、ポトラッチを「贈与・消費競争の儀式」として定義している。確かに、モースが情報源としたボアズ［Boas 1966］や後のベネディクトの『文化の型』［2008(1934)］にもポトラッチは「北西海岸先住民の慣習」として登場するが、ここで注意しておかなければいけないことは、それらが殆どクワクワカワクゥ Kwakwaka'wakw（当時の表記ではクワキュートル Kwakiutl）のポトラッチに関する記述であるということである［Codere 1950; 立川 1999］。それはハドソン湾会社との交易によりバブル期を迎えていた当時のクワクワカワクゥの経済状況から切り離して考えることはできない［Codere 1950］。

クワクワカワクゥのポトラッチはエスカレートし、貴重品を破壊したり、燃やしたり、それを所有することが力の象徴として存在する奴隷を人前で殺害したりしたと言われている。それに対し、ブリティッシュ・コロンビア州政府は1885年から1951年までポトラッチの開催を法律で禁止していた。その真の理由は「伝統的」首長の権力を押さえこみ、先住民を政治的にコントロールすることであった［Cole and Chaikin

1990]。この法律により先住民族の旧体制の権威が外部の政治権力によって失墜させられていくように見えた。

確かに統計によると、1896年から1900年の間、ブリティッシュ・コロンビア州の65%から75%もの先住民がポトラッチに反対していたとある［Cole and Chaikin 1990]。ところが、それは表面上の数字にすぎず、実際には続けられていた。開催した者が逮捕されていく中で、先住民はかたちを変えてポトラッチを行なっていたのである。クリスマスなど、ヨーロッパ人の習慣に合わせてパーティーのようなかたちをとったり、警察官たちの手の届かないような危険な場所を選んで行なったりしていたという［Cole and Chaikin 1990]。ポトラッチとして総称される先住民の慣習は、禁じられたことによって人々の紐帯を強め、各地域集団で独自の変化を遂げていったのである。しかし、この時からずっとポトラッチは具体的にどのようなものをさすのか明確にされないままであった。先住民側から見ると先住民による集会が禁止されただけだとサーニッチの長老たちは言う。

ポトラッチが北西海岸先住民のアイデンティティを強化したことについてはモースも示唆している。モースはポトラッチが地域集団間の連帯を高め、社会の紐帯を強めるという点とポトラッチが北西海岸先住民（クワクワカワクゥのみならず）の世界観を表出する点を指摘していた［モース 1973]。それは、死者を埋葬する時に最も強く現れると部外者には映る。北西海岸全域を見渡しても、ポトラッチと呼ばれる慣習が「葬儀」と関連して行われることは注目すべき点である［益子 1982; Kan 1989]。

サーニッチが属するコースト・セイリッシュ Coast Salish 系の人々には2種類のポトラッチらしき慣習が存在した［Suttles 1987: 7-8]。一つはスハエサン *SXESAN*（「招待する」の意）というもので、大量の食物を分かち合うものである。もう一つはスハネク *SXENEQ*（「与える」の意）で、招待主が客に大量の富を与えるものであるが、実際に私が説明を受けた限りでは、サーニッチのポトラッチは英語で「ギブ・アウェイ *give away*」と現地の人々が呼んでおり、大量の食物を分かち合うことと、財だけではなく、食物を投げ捨てたり、燃やしたりする行為が行われていたという。現在実際にギブ・アウェイを行うサーニッチは殆

写真……ギブ・アウェイが行われた場所を模した通路。

ど見られない。それに最も近いものが葬儀の後に行われるスィョクゥェアムという儀礼である。そして、「ポトラッチ」というと、みんなで金を出し合って葬儀を行うことをイメージするサーニッチは多い。そこで、次節ではサーニッチの葬儀の一例を報告することにしたい。

II　スディウィアレ(祈り)とマクゥァイーネレ(葬儀)

1999年、私のサーニッチにおける知人である長老Gの長女L（63歳であった）が癌で亡くなった。彼女はブリティッシュ・コロンビア州ダンカンDuncan（サーニッチ半島の対岸にある同じコースト・セイリッシュ系の人々が居住する町）に住むカウチンCowichanの男性と結婚していた。葬儀が行われた場所はカウチンの人々の居住地域であるが、葬儀の主催者がサーニッチの長老Gということで「サーニッチの葬儀」と言うことができる。葬儀は、1999年2月18日にスディウィアレ *SDYWIAL*（祈り／通夜）が行なわれ、翌19日にマクゥァイーネレ *MAQWAINAL*（埋葬）が行なわれた。私は、Gの家族と1991年以来交流があるため、両日とも出席することになった。

葬儀が行なわれた教会は、カウチンの人々の手によって建設されたもので、カトリック式の祈りのあとは必ず、カウチンの言語であるハルコメレム Halkomelem（サーニッチの言語であるセンチョッセン SEN ĆOŦEN と同じコースト・セイリッシュ語族に属する言語）とセンチョッセンによる祈りとスピーチが行なわれた。長老たちの話によれば、ハルコメレムとセンチョッセンは、お互いにそれぞれの言語をコースト・セイリッシュの一方言として認識しており、理解に問題はないという。

2月18日（1999年）

【19時】ダンカンにあるセント・アンズ・ローマン・カソリック教会においてGの長女Lのスディウィアレが始まる。約100人の親族、友人が集まった。故人の親族、友人代表各一名がスピーチを行なった。各スピーチのあと、親族や友人代表のスピーチに対応する内容の短い説教をユーロカナディアン（ヨーロッパ系カナダ人）の司祭が行なった。最後にハルコメレムで賛美歌が歌われた。19時50分、カトリック式の祈りが終了。

【19時50分】ハルコメレムと英語で親族の代表がお礼のスピーチを行なう。集まってくれたことに感謝し、それにより、祖先たちの住む世界に死者が旅立てることが強調された。次に代表らしき親族の一人がハルコメレムとセンチョッセンでスピーチを行ない、続いて、今度はセンチョッセンのみで別の親族がスピーチを行なった。

【20時15分】スディウィアレ終了。その後、死者の友人でも親族でもないカウチン出身の男性4人が一晩中死者を見守ることになる[2)]。

【20時30分】ダンカンにあるカウチンのトライバル・ハウス *Siem Lelum* でコーヒーとサンドイッチが出され、みんなで食事をする。長老たちが各テーブルを回り、必ず笑いが出なければいけないと指示している。

【21時00分】親族の代表がハルコメレムでお礼のスピーチをする。その演説終了後に、その演説に感動した人々が25セント硬貨を演説者に手渡す。10名いた。

その次に、故人についてセンチョッセンでスピーチをする人が感極まった声で語る。再び、コインを渡す人の列がその人の前にできる。このようなスピーチとコインを渡す行為が21時30分まで続いてスディウィアレは終了した。

2月19日（1999年）

朝10時からセント・アンズ・ローマン・カソリック教会でマクゥァイーネレ（葬儀）が始まる。出席者は約200人になった。11時終了。埋葬の準備が始まる。①祈り、②歌、③埋葬と続いた。墓穴の付近1メートル程のところに70センチくらいに小高く積まれた赤土から、ユーロカナディアンの神父が初めにスコップで土を取り墓穴に入れる。その後全員で、各自スコップで3－4回土を墓穴に入れていく。（ここで通常、参列者が土を入れた後、参列者各自に死者の親族からお金が渡されるのだが、今回はなかった。）11時40分に埋葬が終了する。

【11時50分】トライバル・ハウスで昼食が始まる。スモークサーモン、シチュー、パン、ゆでたタコなどが大量に出される。中学生から高校生ぐらいの男女5人が給仕の役をしている。食事終了後、体育館の様になっている（バスケット・ボール用設備がある）広い部屋に移った。入り口から入ると左側の壁側に3列で3段階の高さになっているスポーツ観戦用のベンチが取り付けられている。

部屋は縦横50メートルくらいで、その真ん中に2メートルほどの長さのテーブルが3台斜めにつなげられて置かれている。そのテーブルの上には大きな金属製のボウルが置かれており、葬儀に参加した親族各自が持ってきた金をそのボウルの中に入れる。テーブルの周りには、椅子が7脚置かれていた。右端からの5人は、参加者が持ってきた金を計算する役目をしている。残りの2人は親族の代表である。その机の後ろに約30脚の親族のための椅子が置かれている。

【12時30分】カウチンの30－40代の男性2人が司会者として登場。（サーニッチの長老たちはその2人のことを若いのにハルコメレムが流暢だといっていた。）

はじめに、埋葬の証人 *witness* ということでインディアン名を持っている人々（ほとんどが長老）の名前が紹介される。各自が立ち上がると親族の中から3人ずつ近づいてきて、その人に証人のお礼の金を渡す。

【13時30分】駐車場の整理をした2人の名が呼ばれ、その2人に

写真……ポトラッチが行われることがある体育館の遠景。

親族全員で一人ずつ金を渡していく。

【13時40分】埋葬のための盛り土をした2人の名が告げられ、その2人に親族全員で一人ずつ金を渡していく。

【13時50分】埋葬の状況を料理係に連絡をした5人の名が呼ばれ、親族全員で一人ずつ金を渡していく。

【14時00分】料理を作った4人の名が呼ばれ、親族全員で一人ずつ金を渡していく。

【14時10分】料理運びや給仕をした若者5人の名が呼ばれ、親族全員で金を渡していく。

【14時20分】死者を一晩中見守った4人の名が呼ばれ、親族全員で一人ずつ金を渡していく。

【14時30分】残りの金の総額は約4000ドルだと告げられ、教会、埋葬費用、料理、トライバル・ハウスの利用料、電気代、水道代が告げられる。

親族全員で中央の席と観客席の真ん中に置かれた椅子の上に金をのせていく。

【14時40分】金を計算した5人に親族全員で一人ずつ金を渡していく。

【14 時 50 分】司会者の言葉。

【14 時 55 分】故人の父 G が全員にお礼の言葉を述べる。

【15 時 00 分】終了。

スディウィアレとマクゥァイーネレの両日に参加して確認できたことは、料理の準備や埋葬の労働をする人々に渡す金は親族全員で負担しているということである。葬儀を主催する者がまるで首長がかつてそうであったように、財の集積の中心にいて、親族の人々全員がその指示に従って動いていくようにも見える。しかしながら、実際は、主催者にはそのような財力に基づく力はなく、象徴的な存在と言える。人々は自らの意志で行動しており、出せる金額の最も多い人というよりも、周りの人々から想像される経済力に対して予想をはるかに超えた高額の出資をした者が尊敬される。現在においては、出す金額の少ない者が恥をかくということはない。重要なことは、出資することであり、お互いに金を出し合うという行為を通して、親族の結束が強まっていくように部外者には見える。

さらに、L の葬儀の時は行われなかったが、埋葬時に死者の棺に土をかけた後、親族から金を出した参列者全員に一定の額の金が渡される。つまり、収集と再分配が行われる。

立川の指摘にあるように、いわゆる「競争としてのポトラッチ」の背景には先住民社会、とくにクワクワカワクゥにはユーロカナディアン社会との接触による「バブル経済」と伝統的「階層制」が存在していた[立川 1999]。確かに私の見た葬儀は、招かれた人々が金を出し、その集まった金を葬儀の労働をした人々にお礼として再分配しているだけのことのように見える。しかし、収集と再分配というシステムは死者に対するサーニッチの対応として様々なところで見られる。例えば次のような内容である。1997 年 3 月 25 日付けの私のフィールド日記から一部を抜き出し、私の友人である長老 E の話を紹介したい。

「…授業から戻り、アールを誘って昼食に行こうとした。アールは用事があるので家に帰らなければならないという。予定していた録音も明日にしてほしいということである。昼食に行く車中でジョンからアメリ

写真……センチョッセンを守り伝えてきた長老E氏

カに住んでいたアールの甥が昨日自殺したことを聞いた。そこで、親戚中が集まって、アールの甥の葬儀をするためにアメリカへ行きたいのだが、経済的理由でアメリカに行けない者が何人か出てきたと言う。そのためにアールの家に親戚が集まり、アメリカ行きの資金を出せるものが何人いて、どの程度出せるのか話し合うのだそうである。昼食後、ツァートリップ *TSARTLIP*（指定居留地）から 15 分程離れた所にあるアールの家の前を通った。20 台近くの車が道路に停めてあった。話し合いの最中の様子であった」。

このように、サーニッチの間では死者を迎えに行くことだけでも費用がかかる場合、その費用を出せない者は、他の親族に援助してもらうというシステムができあがっていて、それが慣習化されているのである。

III　死に関する民族誌的「情報」

葬儀に際して、その進行中に先住民の言語が、極めて重要な位置を占めている点も重要であろう。儀礼において、英語で感動的なスピーチを行なうことも、勿論可能だが、初めにセンチョッセンやハルコメレムでスピーチを行なった後に、その内容を英語で繰り返すことが、そのスピーチを最も感動的なものとし、人々の尊敬を集めるようである。この時、自らの言語を話すことのできない年長者が「面目」を失う可能性がある。このような葛藤の中、小学生から高校生までの子どもたちはセンチョッセンを学び、過去の慣習に詳しい長老から死に接したときの振る舞いについての話を聞く。しかし、それらは非常に断片的なもの（故に本章ではそれらを民族誌的「情報」と呼んでいるのだが）であり、子どもたちはそれらをつなぎ合わせて、自ら獲得した「死」に関する民族誌的「情報」を個人的に消化していくことになる［渥美 2008］。

サーニッチの指定居留地への帰り道、長老Ｅの車に乗せてもらいながら同乗者の子どもたちとともに本来のサーニッチのあるべき「葬儀」について説明をうけた。（このような話は機会あるごとに長老たちから子どもたちに語られる。）内容は以下である。

「ある人の死が間もないとされた時、近親者が集められる。近親者は、その人が息を引き取るまで側にいる。ファミリー *family* [3] の長は、その時、死者のために沐浴して葬儀の準備をする資格のある宗教的職能者スハマクヮイナレ *SXMAQWINAL* を選び、依頼する。埋葬をする宗教的職能者は、沐浴をして唱えを行い、死者をスピリットの世界への旅へ送りだす準備をする。その時に、死者の衣服や所持品などを集める敬うべき人々を雇う。その雇われた人たちは、衣服などを洗うべきものは洗い、きちんとたたみ、燃やす準備をする。

スハマクヮイナレは、亡くなった人に特別な言葉を唱える。そして、『スピリットと私が死者を布で包む。死者はスピリットの世界に旅立つ準備ができた』という。そして死者をイワヤギの毛で編んだ毛布で包む。埋葬の前に死者は埋葬される場所に運ばれる。昔は、そこにはあらかじめ死者と死者の貴重品などを奉納する小屋が建てられてあった。死者はそこに入れられた。その小屋には死者のファミリー・クレスト *family crests* などが彫られてあった」。

また、長老Ｅは墓地についても以下のように説明してくれた。

「墓地には敬意を払い、どのようなことがあっても、神聖性を侵してはならない。墓地は子供や年少者の来るところではない。墓地は死者のスピリットのための場所なのだ。墓地で行なわなければならないことは、太陽が一番高い位置に昇る前、朝早くやってしまわなければならない。死者に対する敬意はこの時間を守ることと、墓地に食べ物を持ってこないという行為によって表わすことができる。埋葬の後、両親が家に帰って来ても、子供たちは、安全のため、両親にすぐに触れてはならない」。

また、亡くなった人の写真は、4年間、布で覆われた状態で壁に飾られなければならないとされている。亡くなった時点から4年目にメモリアル・ダンス *memorial dance* と呼ばれる踊りが奉納され、その後喪が明けることになる。

さらに、Eは次のように説明した。

「現在、追悼は4年間続けられる。死者が亡くなった日から4年後の定められた日に、ロング・ハウス *long house* [4] の中心にある火の回りでインディアン・ダンスが踊られる。その火の近くには死者の写真が掲げられる。死者がロング・ハウスのメンバーの場合、死者が持っていた歌（各個人は、自らの「テーマソング」ともいえる歌を有している）が、メンバーの一人によって歌われる。金や食べ物が喪に服していた家族によって、様々な手伝いをしてくれた人々に与えられる。

センチョッセンの『スカウ *SKAW*』という言葉は、輪廻に非常に近い意味を持っている。良いことも悪いことも人生の中で自分に戻ってくるという意味を表わすのだ。最も良いスカウは、ファミリーの誰かが悲しんでいる時にできる限りのことをすることである」。

死者の遺族を励まし助け、葬儀や埋葬を手伝うこと、また金などを渡すことは、最も尊い行為とされていて、人々は、葬儀になると真剣に手伝いをする。Lの葬儀で高校生たちが熱心に手伝っていた背景には、スディウィアレやマクゥァイーネレの手伝いをすることが高い価値を持つと教えられていることがある。これらの民族誌的「情報」は機会あるごとにこの長老が子どもたちに与えている。

さらに、死後の世界についての民族誌的「情報」も子供たちに伝えられる。サーニッチの長老たちの説明によれば、死後の世界には天国も地獄もなく、死者はスピリットとなって「亡くなった人々の世界」に行くが、そこは別世界ではなく人間界と同じ場所にあるとされている。そこには怒りも憎しみもなく、幸せに満ちた世界であるとされている。だから生きている人々は、スピリットと仲良くしなければならない。そして、常に死者のスピリットに敬意を払っていなければならないのである。

死者のスピリットに敬意を払っていない人には「突然死」が訪れると考えられている。死者のスピリットは、日が落ちて暗くなると人々の歩く道を通るとされている。だから夜、歩く場合、通常に歩く道を避けて、道ではないところを歩くということである。また、夜、大声で人の名前を呼んではいけない。夜、大声で誰かの名前を呼ぶと、スピリットがその人を呼ばなければならないと勘違いし、その人を連れていってしまうとされているからだ。また死者の名前を呼ぶことも禁じられている。それは、死者のスピリットが、名前を呼んでいる人が迎えに来てほしいのだと勘違いして迎えに来てしまうとされているからである。このように人の名を大声で呼ぶことのタブーについて以下のような話を、放課後サーニッチ・トライバル・スクールに残っていた子どもたちと共にGから聞いた。

「それは、私の知っているある女性の話だ。ある日の夕食のあと、子供たちが遊んでいた時のことである。彼女の子供のうちの一人がいつまでたっても家に入ってこない。そこで、その息子の名前を大きな声で呼んだ。偶然にも、その子供は亡くなった父親と同じ名前がつけられていた。彼女は、いつまでたっても帰ってこない息子の名前を呼び続けた。しばらくして彼女の声が聞こえなくなった。そこで家族が彼女を探しに行った時、半身不随になっている彼女が発見された。彼女はそれ以来、言葉を発することができなくなってしまった。きっと彼女の亡夫が勘違いして、彼女を迎えに来てしまったのだろう。彼女は今でも言葉を発することができず、ストレスのため か時々叫び声を上げるそうだ。そして、彼女の息子もいまだに見つからずにいる」。

このような不幸を克服するために、センチョッセンによる祈りがある。センチョッセンで祈るという行為の重要性について、長老Gは以前、トライバル・スクールの子どもたちに次のような内容を語っている。(以下は録音テープの内容である。)

「私が子供の頃、村にとても貧しいおばあさんがいた。いつもお腹をすかせていた。私はある時りんごをおばあさんにあげた。おばあさんは、『ありがとう。でも私は、あなたにお返しできるものを何も持っていない。だから、お返しとして、ここであなたのために祈ります』と言った。そして、彼女は、私に向かって祈りの言葉を捧げてくれた。おばあさんは、『私は、あなたが幸せで、長生きができるように祈りました』と言った。今、私は85才で子供たちに囲まれて幸せだ」。

この類の言説を幼少の頃から常に聞いてきた若者たちは「祈るためにセンチョッセンを学ぶのだ」と語ることがある。そして、センチョッセンがかなり話せるようになった若い世代のサーニッチが「センチョッセンは神聖な言語だ」と強調する時に用いられる世界観を象徴するものとしてスィョクゥェアムとよばれる葬儀の後の一連の作業が存在する。

写真……祈りを捧げる男性。

Ⅳ　スィョクゥェアム（燃やすこと）

死者のスピリットに対する敬意は、葬儀の後に行われるスィョクゥェアムと呼ばれる儀礼的行為によって表現される。この儀礼は現在も続けられている。はじめてこの語を聞いたとき、スィョクゥェアムは英語で *burning* と呼んでいるので火葬のことだと私は思ったのだが、「死者のスピリットのために食べ物を用意してそれを燃やす行為」のことだという説明を受けた。スィョクゥェアムが行なわれる場所は親族が集まって決める。その場所には親族以外行ってはならないとされている。スィョクゥェアムの根底には、死者は好きなものをもってスピリットの世界に行くべきだとする考え方があるという。長老Eから以下のような内容の説明を受けた。

「愛する者の埋葬の後日、死者の衣服や持ち物を燃やす行事を行う。それをスィョクゥェアムという。スィョクゥェアムに先立ち、宴を持ち、死者の好きだった食べ物を置く。テーブルに死者の好きな食べ物を置いて祖先たちのスピリットの世界に送るためにスィョクゥェアムを行なわなければならない。

遺族は、そのような神聖な行為をすることができる人を呼びにやる。その人こそが『唱え』を継承しているヨークゥェアム・エルテルノフ *YOQWEUM ELTELNOW* だ。ヨークゥェアム・エルテルノフはスィョクゥェアムを司る宗教的職能者である。この職は代々ある一定の家系によって継承されている。遺族は、スィョクゥェアムを行なう必要がある場合、死者の持ち物をすべて集め、あらかじめきれいに洗っておく必要がある。ヨークゥェアム・エルテルノフは『死のスピリット』から身を守るために聖なる赤土を体に塗る。

この時に死者とそれ以前に亡くなってスピリットの世界にいる死者の親族のために食べ物が用意される。あらかじめシダー（北米原産のヒノキ科の樹木）の木で作られた皿やボウルが用意される。皿は食べ物と一緒に神聖なシダーの木からの火によって燃やされ、スピリットの世界に送られる。ヨークゥェアム・エルテルノフは、死者の宴がいつ終るのか知っており、死者がいつ自分の衣服や持ち物が欲しいのか分かるので、遺族に死者の衣服や持ち物を火の中に入れるのに最適な時間を告げる。

ヨークゥェアム・エルテルノフは、遺族の差し出した死者の衣服と持ち物を聖なる火によって燃やす。ヨークゥェアム・エルテルノフは、4回に分けて死者の衣服や持ち物を燃やし、死者にそれらが遺族からの贈り物だから驚くのではないと告げる。その時にスピリットの世界からメッセージがあるとされる。そして、死者の衣服や持ち物は燃え尽きた後もそのままにされ、太陽や風によって浄化されるのを待つ。子供は絶対にそれらに手を触れてはいけない。子供は死者と死のスピリットを敬わなければならない。すべてが終了する前にヨークゥェアム・エルテルノフは、差し出されたものすべてが燃えたかどうか確かめる。そして最後に、遺族にスピリットの世界からのメッセージを伝える」。

スィョクゥェアムでは、テーブルが設けられ、その下には乾燥させた木片が並べられる。故人が好きだった食べ物がテーブル上の木製の皿(先住民の「伝統的」彫刻が施されたもので彫刻が死者に対する敬意を強く表すとされている)の上に置かれる。テーブルは、ナプキン、ナイフとフォークその他すべて、まさに今食事の用意ができたような状態にされる。食べ物は死者のためだけでなく、死者の親族のスピリット全員に捧げなければならないとされる。そこで必ず余分に皿が用意され、そのうえに様々な種類の食べ物が置かれる。テーブルの大きさはその親族が決めるので様々になる。ここで重要なことは、祖先のスピリット全員のために残らず食べ物を用意しなければならないということである。食べ物の傍らには死者の衣服が置かれる。そして、ヨークゥェアム・エルテルノフが食べ物に火をつける。

死者の持っていた宝石や貴金属といった燃えないものは、親族全員に分配されるか、ヨークゥェアム・エルテルノフに与えられる。かつては、死者のために小屋を建て、そこに生前に持っていた貴重なものを奉納したのだが、「白人がみんな盗んで博物館に持っていってしまった」という「情報」が先住民一般に広まったために、一部は死者とともに埋葬されるようになったということである。

写真……人々が集まるところには食物が豊富に出される。

物を燃やすことは、物をスピリットの世界へ送り届ける唯一の方法であるとされている。ゆえにスィョクゥェアムは、命名儀礼の前にも行なわれる。スィョクゥェアムは、生きている者たちの世界とスピリットの世界とのコミュニケーションの場なのだとサーニッチのインフォーマントは語る。ポトラッチ禁止令施行以前の記録にポトラッチの際に多くの毛布が燃やされたり、自動車に火がつけられたりした［Cole and Chaikin 1990］とある。それをカナダ政府は「理解できない浪費」と捉えたわけであるが、それは大きな誤解であった。クワクワカワクゥ（クワキュートル）の人々の間では強力な経済力を背景にした首長たちによる財の破壊があったかもしれないが、それが北西海岸の先住民の所謂ポトラッチすべての理由ではない。サーニッチの人々の間では、現在でもスィョクゥェアムはスピリットに敬意を表わす極めて重要な行為であり、スピリットの世界に物を奉納する唯一の方法なのだとサーニッチの長老たちは説明する。そして死者のスピリットを喜ばせる方法は、「生者が常に死者のことを覚えておくこと」だということである。ヨークゥェアム・エルテルノフは、すべてが燃えたことを確認し、その後、遺族にスピリットが語った内容を伝える。そしてスィョクゥェアムは終了する。

Gの長女のスィョクゥェアムはその死の１週間後に行われたという知らせが私のところに届いた。

V　結束

ポトラッチとして一般にイメージされるものが北西海岸先住民のすべての地域で行われていたという認識には再考の余地がある。その殆どがクワクワカワクゥのものであり、それがボアズ等の研究者から印刷媒体を通して先住民社会にも広まっていった可能性は否定できない。死の儀礼に際して、主催者を象徴的存在として、そこに参加者からの資金が集められ、その総計を分配するというシステム、これが現在のサーニッチにおける「ポトラッチ」である。これは、1997年の私の日記にもあるように、アメリカで自殺した男性の葬儀に出席するために親族が金を出し合い、葬儀に出席する人間に総額を等分に分配するという行為と共通している。先住民の経済は、ユーロカナディアン政府が先住民の日常をコントロールするようになってから極めて厳しい状況になった。ボアズが調査した頃のクワクワカワクゥの首長が有していた富のようなものは姿を消し、階層制は社会的機能を失っている。しかしながら、その経済的な状況においても中心者に富が集中する擬似的状況を作り、その富を再分配するというシステムは存在しているのである。

また、スィョクゥェアムという慣習はいまだに形を変えながらサーニッチの生活の中にある。この燃やすという行為には、ポトラッチ禁止令を施行したユーロカナディアン政府が見た「理解しがたい浪費」の痕跡がある。それは個人や親族のスピリットのために大量の食物や衣類等を燃やすという行為だからである。過去においては、燃やす対象が時には自動車や家であったかもしれない。しかし、サーニッチの長老の説明によれば、それは故人の持ち物や贈り物をスピリットの世界に送り届ける唯一の方法であった。現在では、その行為は神聖なものとされ、厳格に親族以外の参加を認めていない。それがポトラッチ禁止令のなかもスィョクゥェアムを生き残らせてきた、彼らの言う「知恵」なのかもしれない。

そしてさらに重要なことは、「ポトラッチ」によって集団の結束が強化される点である。厳しい経済状況下において、親族の葬儀に行くための資金を精一杯出すという行為の中にお互いに対する信頼が強まり、親族としての結束が強化される。現在のサーニッチにおける「ポトラッチ」は他の集団との対抗から生まれるのではなく、あくまでも（サーニッチが日常「ファミリー」と呼ぶ）一親族集団内の出来事であり、その集団の結束とアイデンティティを強化する働きがあると考えられる。

冒頭で紹介したある男の妻の死を悼むポトラッチは、それを語る長老の記憶の中にある、おそらく何十年も前のものであろう。そこでは「招待された客」に大量の食物が「与えられ」、大量の硬貨が海に沈められた。食べ物以外のものをギブ・アウェイしたことはコースト・セイリッシュよりもクワクワカワクゥをイメージした様々なマスメディア等による情報の影響を受けているが、現在のサーニッチの考える「純粋なポトラッチ」のイメージであることは間違いない。今では極めて希にしか行われることがない「純粋なポトラッチ」の話を聞いて、現状を嘆く先住民たちは涙していたのかもしれない、と私は当初考えていた。

ところがそれだけではなく、その背景には、ポトラッチに感動する共感力こそサーニッチの証であり、北西海岸先住民であることの証であるとする暗黙の了解が存在する可能性がある。なぜなら、幼いころから長老によって聞かされる（北西海岸地域に流通する）ポトラッチに関する民族誌的「情報」から創りだされたイメージの共有こそが先住民の証であり、ポトラッチの背後にある「物語」に感動する共通の基盤であると考えるしかない状況がサーニッチの日常に散見されるからである。そう見ていくと、ポトラッチはこの変換された「情報」を発信するための制度化された経路であったと言うこともできるかもしれない。そして、その経路の共有こそが地域集団としての結束の基盤となっているのである。

注

1 ―― ポトラッチと呼ばれる慣習は北米大陸北西海岸先住民社会がヨーロッパ系北米人社会の経済活動の中に取り込まれていく過程で生まれた現象であることは多くの研究者によって指摘されている［Codere 1950; 立川 1999］。

2 ―― この4人の関係は原［1989］の報告するヘヤーインディアンにおける「セツェッオン」とは異なる。「セツェッオン」は棺をかつぐ4人に、葬儀以降お互いに口を利いてはいけない等の規則が存在するが、コースト・セイリッシュの場合、そのような厳格な規則はない。

3 ――「ファミリー」という語はサーニッチが用いる場合、ほぼリネージと同義語と考えてよい。しかしながら、サーニッチはユーロカナディアン社会との接触も早く、他地域との通婚も盛んであったために「伝統的」親族集団としてのリネージという意味合いは非常に弱くなっている。

4 ―― 通常、ロング・ハウスとは *plunk house* とも呼ばれる北西海岸先住民の「伝統的家屋」を示すが、現在のサーニッチが「ロング・ハウスのメンバー」という場合、秘密結社 *secret society* のメンバーであることを意味する。秘密結社とは命名儀礼や死者儀礼の時に精霊との対話をおこなうとされるスピリット・ダンス *spirit dance* を踊る役割を与えられた人々のことで、血族によってその仕事が引き継がれている。

参照文献

渥美 一弥

2008 「『資源』としての民族誌的『情報』—カナダ・ブリティッシュ・コロンビア州先住民サーニッチの教育自治と『文化』復興」『立教アメリカン・スターディーズ』30: 36-76。

ベネディクト、R.

2008 (1934) 『文化の型』米山俊直訳：講談社学術文庫。

Boas, Franz (edited by Helen Codere)

1966 *Kwakiutl Ethnography.* Chicago University Press.

Codere, H.

1950 *Fighting with Property: A Study of Kwakiutl Potlatching and Warfare, 1792-1939. Monographs of the American Ethnological Society* 28. American Ethnological Society.

Cole, Douglas and Ira Chaikin

1990 *An Iron Hand Upon the People: the law against the Potlatch on the Northwest Coast*. Douglas & McIntyre.

Kan, Sergei

1989 *Symbolic Immortality: The Tlingit Potlatch of the Nineteenth Century.* Smithsonian Institution Press.

益子 待也

1982 「ポトラッチの神話学—トリンギット族における死と再生の論理」『民族学研究』47(3): 221-244。

モース、M.

1973(1968) 『社会学と人類学 I』有地享他訳：弘文堂（原著 1949 年)。

原 ひろ子

1989 『ヘヤーインディアンとその世界』: 平凡社。

立川 陽仁

1999 「クワクワカワクゥ貴族層の衰退—カナダ植民地統治期における世界観と

ポトラッチの変容」『民族学研究』64 (1): 1-22。
内堀 基光・山下 晋司
1986 『死の人類学』: 弘文堂。
内堀 基光
1989 「民族論メモランダム」『人類学的認識の冒険：イデオロギーとプラクティス』、田辺繁治（編）、pp. 27-43、同文舘出版。
Suttles, Wayne
1987 *Coast Salish Essays*. Talonbooks.

第３部 関係

第5章
自己と情緒
アンガティーヤ社会における
マァロオ（「心」）概念の素描

吉田 匡興

民族誌に期待されることとして、「たんたんと過ぎていく日常を描ききる」[内堀 1996: 213] ことがあげられよう。日常を描くとは如何なることだろうか。内堀基光は『死の人類学』の中で、イバン Iban の死をめぐる観念やそれに基づく実践を描くに際して、I.A. ハロウェルの「行動環境 behavioral environment」という概念に言及し、それが「人間の行動する時空間」であり、また「ある文化のもとで生きる人々にとっては『身のまわりの世界』として対象化されている」と述べている[内堀・山下 1986: 29]。「たんたんと過ぎていく日常を描ききる」とは、この「身のまわりの世界」すなわち「行動環境」を描ききる営みとして理解できる。内堀によれば、「行動環境は、さまざまな具体的な事物によって構成されている」という。この具体的な事物は、通常我々が想起する意味でのモノに止まらず、人間存在をも含みこんで、自己・他者と表現することも出来る[内堀・山下 1986: 29]。行動環境は、単なる環境とは違い、そこに位置する主体の側からの環境への働きかけ、そして、環境からの主体に対する作用という、自己とそれを取り巻く具体的事物との動的な相互交渉の過程を含みこんでいる。自己が、周囲を囲繞する人間存在を含んだ具体的な事物と結んでいる動的な関係が、行動環境なのである。

こうした「関係付け」には、自己と動的に関係するさまざまな事物のどこまでを自己の領域に含め、どこからを他者とするのか、その範囲の画定の営みが常に伴っているに違いない。つまり、人間的な行動環境の成立には、何を自己とし何を他者とするのか、いわば自己の概念の成立が随伴している。

従って、「たんたんと過ぎる日常を描ききる」ためには、対象となる人々の自己の概念——自己と自己を囲繞する事物や人間存在との間にどのように境界を引き、如何に関わっていくのか——、これを問うことが格好の切り口の一つになる。

本章では、パプアニューギニアのアンガティーヤ Angaatɨhiya 社会における自己の概念を素描する[1)]。もっとも、人々は我々の「自己」に相当する語彙を持っているわけではない。本章では、霊魂や生命力、心

写真……集落の中の家々。

といったことばに翻訳可能なマァロオ *maariho* というアンガティーヤの概念を入り口にして、彼らの自己の概念に接近したい。生命力や霊魂、そして心の概念は、「自己が生きてあること」、すなわち行動環境の中での経験のあり方と不可分の関係にある。

マァロオの概念を明らかにするとはいうものの、アンガティーヤの人々はそれについて首尾一貫した哲学・神学的体系を意識的に築き上げているわけではない。さまざまな状況的な脈絡の中で発せられたことばや行為が示すパターンを総合して得られたものが、ここでアンガティーヤの人格概念と呼ぶものである。ある種のパターンを示す語り口や振る舞い方を人々が取ることによって、自身を囲繞するモノや人間存在に関わる主体として、彼らがどのような様相を帯びてしまうのか、これを明らかにしたい。

I　心としてのマァロオ

アンガティーヤの人々の間で用いられるアガータ Agaata 語において、

情緒の様態を表現する際に、人々は、しばしばマァロオという語に言及する[2)]。「悲しむ」は「マァロオ・アスピヤタイジェ」、「喜ぶ」は「マァロオ・マリタタイジェ」、「怒る」は「マァロオ・アポニサタイジェ *maarɨho aponisataise*」という。愛する人との別れに関して「相手は、自分のマァロオの一部を持ち去った」と言うこともある。また、「金にマァロオを落とす」という表現を耳にしたこともある。これは「金に執着する」ことを意味する。このように、情緒のあり方を述べる表現は、マァロオという語と密接な関係を有している。この点に注目するとマァロオは日本語の「心」に相当するだろう。

マァロオは、心臓という意味も持つ。また、口から出る呼気もマァロオと呼ばれる。心臓が動いているから息をしているのだと人々は言う。

マァロオは、我々が霊魂と呼ぶ存在にも近似している。人々は、心臓の鼓動が止まり息絶えると、マァロオが死者の頭蓋骨の接合部から外へ出て行ってしまうという。死者のマァロオは、小動物に姿を変えて生者の前に現れ、予兆を示すこともあれば、生前の姿のまま夢に現れることもある。また、もし死因が他殺であれば、被害者である死者のマァロ

写真……鰻が獲れて「喜ぶ」(マアロォ・マリタタイジェ)。

オは加害者を襲い、復讐を遂げる。あるいは、もし誰かに襲われそうになった時、死んだ家族の名を呼べば、そのマァロオがやってきて助けてくれるとも言われている。

マァロオについて、「それは夢だ」と説明してくれる老人や、英語を用いて「それはイメージだ」と注釈を加える若者もいた。マァロオを説明するために、夢への言及を行うのは、マァロオが五感を通じてその実在を経験できるような事物とは異なる水準にあることを示そうとしてのことである。その老人は、身体は眠っていて目も耳も働いていないのに、夢で人の姿を見るのは、その人物のマァロオを眠っている人物のマァロオが見るからだと説明してくれた。ここでいうマァロオとは、直接の知覚ではなく、想念される対象を意味していると考えられる。また、イメージという語を用いて、マァロオの説明を試みた若者は、あわせてイメージを「影 *swipate*」とも言い換えていた。影は、「実体 *akupɨpa*」と対になった言葉である。実体は、直接知覚できるのに対して、影はそれと同じ様態で経験できるものではない。

以上のように、マァロオは「心臓」であり、「生命力」「心」「霊魂」であり、「通常の知覚とは異なる次元」をも意味している。

ここで、マァロオを内堀が調査したイバンの人々の霊魂（スマンガット *semangat*、スムンガット *semengat*）の概念、およびそれに関連する身体観と比較してみよう［内堀・山下 1986: 44-46］。マァロオの特徴を一層鮮明に浮かび上がらせるためである。

内堀によれば、イバンの霊魂は平常時には人間の頭蓋の中にあって、一個人にひとつの霊魂が存在するとされる。多くのシャーマンは、霊魂がその持ち主と同じ形姿を持った小人のようなものだと述べる。イバンの霊魂は人格に所属した存在である。ここで注意したいのは、イバンのスマンガットは、生前であっても、身体を遊離し独立して活動する点である。夢とは身体を離脱した霊魂の経験に他ならない。しかし、分身である霊魂の振る舞いにその持ち主は一切責任を負っていないという。霊魂は、その持ち主とは無関係に独立して勝手に振る舞うのである。「霊魂は個人との関係において語られるものではあるが、個人あるいは自己の自覚的性格に参与しない」［内堀・山下 1986: 44-49］。

他方で、覚醒時の意識ある存在としての自己は、霊魂でなく、身体的な語彙で表現される。「意識、感情あるいは人格といったもの、つまり自己の内面は、身体の一部『肝』（アティ *ati*）——普通には肝臓を意味する——の様態ないしは機能として語られる。喜怒哀楽の情の表現は例えば『肝が喜ぶ』、『肝が哀しむ』、『肝が痛む』（怒っている）、『肝がここちよい』などと言い表される」[内堀・山下 1986: 46]。

このようなスマンガット（霊魂）とアティ（肝）との関係を自己や経験という語を交えて言いなおせば、自己の経験や行為のうちには意識されぬものが存在するということ、自己とは意識されぬ領域を含んでいるということになろう。一方で、自己は身体として存在する。これは意識を通じて自覚できる存在の様態である。他方で、自己は世界のうちに、霊魂としても存在する。後者の存在様態には、「無意識裡の」存在というあり方も含まれる。

アンガティーヤのマァロオもイバンの霊魂のように、生命力としての意味を有している。マァロオは、一個人に一つ存在し、死ぬと頭蓋骨の合わせ目から外へ出て行くとされている点で、両者はよく似ている。ただし、マァロオは、生きている間にその持ち主の身体を遊離することはないし、ましてや、本人の自覚のないまま活動することはあり得ない。筆者は、「マァロオは夢である」と人々が発言するのを聞き、「夢とは、マァロオが眠っている間に人のからだを抜け出て見聞したもののことなのか」と尋ねると、一様にマァロオが身体を抜け出ることはありえない、という答えが返ってきたものだ。

アンガティーヤのマァロオは、イバンの情緒表現と深く結びついているアティのあり方ともよく似ている。ただし、アンガティーヤの場合は、アティと類似した性格を持つマァロオは、スムンガットの生命力や霊魂としての性格も兼ね備えている。こうしたマァロオの性格は、肝臓で言い表される身体的自己と霊魂的分身によって組成されるイバンの二元論的な自己の構成に対して、一元的と言える。そして、霊魂あるいは生命力としてのマァロオは、あくまでも意識と寄り添っている。失神状態は「死んだ」と表現される。ここからは生きていること＝意識のあることという図式を読み取れる。意識とマァロオは、表裏をなす。アンガティーヤの自己は、意識的・自覚的な自己からのみ構成されることになると考えられる。次節では、こうした自己の在りようを、アンガティーヤの人々の間で口にされるある種の語り口を通じて確認する。

II　無意識の不在とその含意

これから取り上げるのは、ある種の行為や振る舞いの原因として他者の呪術に言及する語り口である。そこからは、自覚可能な経験だけが自己に帰せられている様を見て取れる。

問題の語り口は大略次のようなものであった。筆者の助手は、彼自身がモロベ州都ラエ Lae で暮らしていたことを筆者に語って聞かせたことがあった。彼がラエに滞在中、「イトコ」（父親の姉妹の息子）が武装強盗団 *rascol* に襲われて命を落としてしまった。その後も彼はラエに留まっていたのだが、ある日突然村に帰りたくなり、そのまま戻ってきてしまい今に至ったのだという。この帰郷について、助手は、「イトコ」の母、すなわち彼の父親の姉妹が自分をアンガーターテに呼び寄せる呪術を行ったからだという説明をした。父の姉妹は息子の死を嘆き悲しみ、筆者の助手もまたラエの街でラスカルに襲われるのではないかと心配して、彼を呼び寄せる呪術を行ったのだという。

われわれであれば、「イトコ」の死に恐怖したから、とか、望郷の念が募ってきたからとかいうふうに、帰郷の動機を自らのうちに求めるだろう。ところが、助手は、自らの心変わりを他者の意識的な行為、呪術の所産とみなしている。助手の語り口による限り、彼が自覚しているのは「突然の心変わり」であり、それに至るまでの自覚されざる心的過程を事後的に推測して語るわけではない。この語り口からは、無意識の不在とでも呼ぶべき前提を見て取れる。「突然の心変わり」は、無意識の領域を設定して、そこに自身の心的過程を想定することで説明されてはいない。言い換えれば、自分自身が行った行為や自分自身の心の在りようとは、自覚できる限りの行為や心のありように他ならない。自覚できないものは、自己のものではないのである。

他に、自らの「悪癖」を他者の呪術に起因すると主張する語り口も存在する。自らの女癖の悪さ、盗癖、徘徊癖を自分が対処・矯正すべき問題としてよりも、他者の呪術のせいで否応なくそうしてしまう、というのである。具体的な事例を紹介しよう。筆者が調査を終え、アンガーターテを後にする1週間ほど前のことである。送別の宴を催すべく、筆者は豚や鶏、その他の食料の準備の打ち合わせを助手と行う予定になっていた。約束の時刻を過ぎてもなかなか来ないので、助手の家まで出向くと、彼とその父親である老人や、助手の母方オジの孫で、助手の（類別的）息子、その他の面々がなにやら話し合いを行っている。聞けば、助手の「息子」が父のところに「自分の女癖が悪いのは、老人の呪術のせいだ」と怒鳴り込んできたというのだ。「息子」は人妻と関係を結び、その夫に殴られた末に、賠償の支払いを求めて、村裁判に訴えられたのである。彼は、目の下にガーゼをつけていた。助手の「息子」が、この類の騒ぎを起すのは、これが初めてではない。彼と老人との間は、あまりしっくりいっておらず、以前、「息子」が老人の家に侵入して盗みを働いたという騒ぎが持ち上がったこともあった。「息子」は、老人のせいで自分は女の尻を追いかけまわしてしまう、と抗議したのである。

村に居つかず、畑仕事にも従事せず、街と村の間を行き来する「ラウンド・マンキー *round monkey*」（回る小僧）と呼ばれる若者たちのな

写真……若者は村外に出たがるもの。

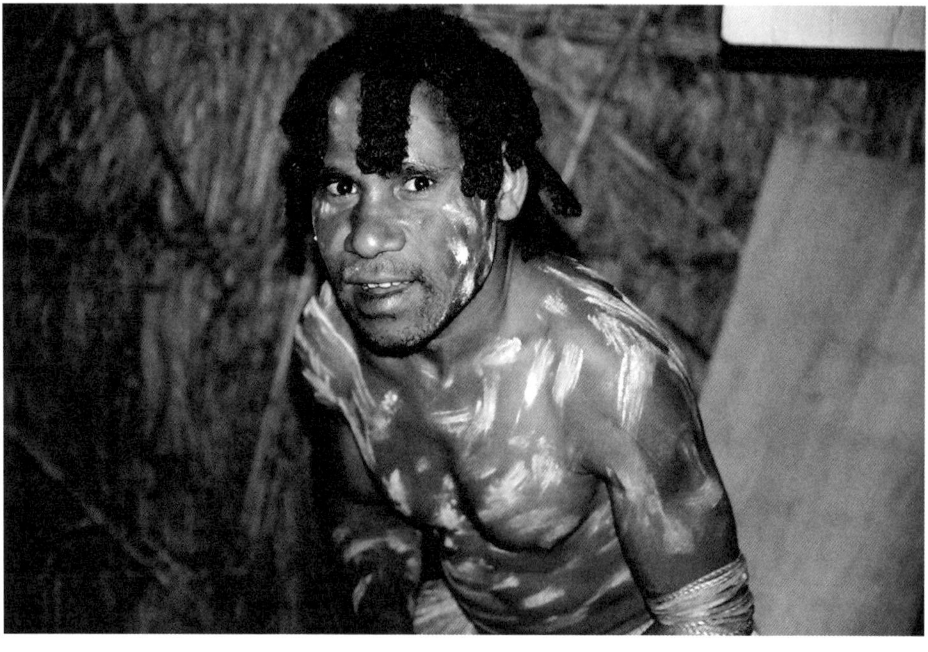

関係

かには、自分がそうしてしまうのは、呪術のせいだと語る者もいる。

また、アンガティーヤ選出の地方政府評議会議員で、同会の議長も務めた男性は、アンガティーヤに政府の資金を投入せず、ラエと評議会の事務所との間を往復し、ラエでの宿泊費や飲み食いに公金を専ら用いていると批判されていたが、彼も自分がそうしてしまうのは、「自分のことを怒っている人物が行う呪術のせいだ」と語っていると噂されていた。

通常、我々は上記のような性癖・傾向について、自らの意志で矯正することは容易ではないとしても、自らの努力によって解決可能であり、またそのようにしなければいけないと考えるきらいがある。件の性癖・傾向の原因や理由は、いま現在ははっきりと意識しているわけではないが、自己に内在しており、それを明るみに出し、統御することは可能であると観念されている。カウンセリングなどは、そのための手続きと言えよう。つまり、はっきりとその原因・理由が意識できず、また統制困難な行為や性癖であっても、それは他ならぬ自己の行為・属性として認識され、自己が介入しうる領域の内部にあるとされているのである。このように自己が介入できる領域の「拡大」を可能にしたのが、無意識あるいはそれに類する概念だと考えられる。

ただし、無意識の領域を設定することで「自己を拡大すること」は、いま現にある自己を、「充分に自己を把握しきれていない」不全な自己として性格づけてしまう可能性をはらんでもいる。アンガティーヤにおける無意識の不在は、この可能性の芽を摘み取っている。現に自覚している経験の領域に自己を限定する語り口では、自己とは、自己によって充分に統御可能であり、現実の自己は現に自己を把握している存在に他ならない。

我々が自己のうちにある無意識の所産——そして、往々にしてそれは制御が困難である——と見なす経験は、アンガティーヤの人々の語り口では、他者の意識的な行為の所産とされる。彼らは、我々が無意識と呼ぶ領域を、呪術に由来するものとして、他者の意識（呪術を行う悪意）に委ねたと言える。それゆえ、統御しきれない自己を前にして、アンガティーヤの人々は、我々の目には「開き直り」とも映るような態度を取り、場合によれば呪術を行ったと目される他人に対して、怒りを発することさえ可能になる。こうした点に注目するならば、アンガティーヤの自己に関する想定のもと、現にある自己はそのままで充分「自己の主人」足りえていると評することができる。

III　アンガティーヤ的「意識」と情緒

アンガティーヤの人々の語り口や振る舞いから読み取る限り、彼らの自己とは自覚可能で意識的な自己に限られるというふうに考えることができる。それでは、アンガティーヤの人々の語り口を踏まえると、「意識的」というのは、どのような状態を意味していると考えられるだろうか。そこで、英語で think、ピジン語で think に由来する「ティンティン *tingting*」、「ティギム *tingim*」と彼らが訳す、「ングニャペナタイジェ *nkɨnyapenataise*」という「精神作用」を吟味してみよう。

この語が用いられる主要な文脈として、相手に再考を促したり、過去のことを思い出すように促したりする場面が挙げられる。あるいは、自らの主張が用意周到なものであることを表明するために、「自分はよく考えた」という意味の文句として、この語を添えることもある。また、この語は、愛しい相手と死別した後の人物の様子を言い表すためにも用いる。例えば、愛する者を喪った人物は、外出を控え、パンダナスの実を食すこと、ビンロウの実をかむことを控え、剃髪を行わず、水浴びにも出かけない。そのように人が振る舞うことについて、「死者のことを考えている」と表現する。そして、再び髪を剃り、水浴し、ビンロウの実をかみ始めると、「死者のことを忘れた」と評される。

ングニャペナタイジェには、「キリスト教を信じる」ととりあえず訳せるような使い方もある。これは、「キリスト教（徒のやり方）に留意しながら、自らの行為に一貫性を与えながら組織すること」と解釈できる。たとえ洗礼を受けていても、キリスト教徒のやり方に従わなければ、キリスト教を「信じていない」とされる。

以上の用法から、ングニャペナタイジェには、「留意する」、つまり当の人物の各種の行為を何らかの一貫性をもったやり方で組織することをも意味していると言える。ングニャペニャタイジェとは自らの行為を主体的に組織しようとする構えを持つことに他ならない。

このングニャペナタイジェという「精神活動」について、人々は「マァロオにより、人はングニャペナタイジェする」とか、「マァロオが『考え（ティンティン）』を司る」という。例えば、なぜ死者のことを考えるのか尋ねると、「死者のことが悲しく、そのことばかりを考える（ングニャペナタイジェ）から」という答えが返ってくる。「マァロオが『考え』を司る」とは、こうした事態を指してのことだろう。マァロオ・アスピヤタイジェとングニャペナタイジェは、互いに表裏をなすかのように語られる。

マァロオに言及して表現される状態は、人にングニャペナタイジェをさせるというふうに能動的なものとして語られる一方、受動的な経験としても語られる。葬儀の席で悲しみの歌をうたっている人物は「涙を止めることができない」などという。悲しみの統御は困難であり、人々はそれを受動的な経験として語っている。また、別離に伴う悲しみは、しばしば、自身のもとを去った人物が自らのマァロオを持ち去ってしまったと表現される。

マァロオに言及する表現には、マァロオが他動詞の目的語になってい

写真……泣くのは「悲しい」から？

るものもあれば、マァロオが自動詞の主語になっているものもあり、またマァロオがその状態を示す形容詞と結びついているもの――「マァロオが重い」など――もある。いずれの場合も、マァロオのあり方は、何らかの出来事や状況、あるいは人物によってもたらされるものとして語り得る。マァロオは、主体として語られると同時にそれを包摂する世界に対して開かれ、状況によって変化を強いられる客体としても語り得る。その限りで、自己を意識するのは、状況の中で変化を遂げていくマァロオを通じて、ということになろう。状況から超然とした自己が自己のあり方を認識するという意味で「意識的」というわけではない。以上のような意識のあり方には相応しいのは、情緒的という形容詞であるように思われる。

筆者は、情緒という言葉を、取り立てて特別に定義をしないまま用いてきた。「悲しい」とか「嬉しい」など、心あるいはマァロオの状態を日常的語感に基づき情緒と称してきたのである。ここで、情緒を定義したサルトルの議論を参照してみよう。これにいささか改変を加えれば、先ほど述べた意識のあり方に当てはめることができる。

サルトルは、情緒について、これを生理学的な現象として記述するのではなく、その現象学的な記述を試みた。彼は『情緒論粗描』において、「情緒を起こす主体と情緒を起こさせる対象とは、不可分の綜合のなかに統合されているのであり、情緒とは、世界を把握する或る仕方なのである」と論じている［サルトル 1957: 299］。その上で、彼はさらに進んで、情緒を、自己と対象の関わり方を非反省的に変更することで、世界を変形しようとする働きとして捉えようとしている。「（筆者補：情緒）は世界の変形（une transformation du monde）なのだ。きめられた道があまりにむずかしくなったとき、……わたしたちもはや、こんなに小うるさくてこんなむずかしい世界のなかには，とどまっておれなくなる。……そのとき私たちは、世界を変えようとこころみるのだ。……この試みはそれとしては意識されないことをも、納得しよう。なぜなら、そうなればもうそれは、反省の対象ということになろうから。なによりもそれは、あたらしい関係とあたらしい要求との把握である。ただ、対象の把握が不可能になっているか、あるいは堪えがたい緊張を生むかするので、意識はその対象を別様にとらえるか、とらえようとつとめる。つまり、意識は対象を変形しようとするまさにその目的のために、自分を変形するのだ」［サルトル 1957: 304］。

サルトルによる情緒の定義には、超越的で能動的な主体を想定し、情緒は目的に従属する手段的な行為であるかのように捉える視点が存在することは否めない。この点に、サルトル的な偏向を読み取ることもできる。しかし、世界に対して何らかの志向を持って関わり合おうとする自己と、志向の対象たる世界との関係を通じて達成される自己変容や世界変形として情緒を捉える現象学的な観点は、首肯できる。このように情緒を定義したならば、「情緒的」ということばが、アンガティーヤ的な意識を形容詞するのに相応しいだろう。

IV　情緒と自己の「拡大」

サルトルは、さらに自己の変形のあり方に応じて、情緒の分類を行っている。彼によれば、怒りとは、世界に対して以前と同じような行動を取れなくなったにもかかわらず、対象への働きかけをあきらめないために、より低級で容易な手段を取ることに「わたしたち」が満足できるように「わたしたち」自身の構成を変化させる働きを指す［サルトル 1957: 289］。ここで描かれた怒りでは、自己と対象は断絶することはない。これまでの手段を用いることが出来ないため、より未分化で粗野な手段を用いることで、対象への関わりは継続される。手段の変化により、対象への働きかけはより「強度」を増したと言える。自己は、対象に向かって拡張の運動を行っている。

他方で受動的な悲しみとは、これまでの「わたしたち」の行動を可能にしていた条件が消失してしまった時に、世界を単調な、情感的にゼロの状態にし、世界が「わたしたち」に新たな行動を取るよう促すことがないようにする働きである。その結果「わたしたち」は自分自身に働きかけることで充分なのである。能動的な悲しみは、世界は以前と同じような状態で、私たちに行動を要求するが「わたしたち」自身を無能力なものとすることで、世界に向かって行動を取らなくてもいいようにする働きである［サルトル 1957: 308-311］。いずれにしても、悲しみは、対象か自己を無化することで、自己と対象を断絶し世界に向けた行動

写真……「怒り」が刃傷沙汰を招く。傷跡を示す男。

を放棄する試みということになる。

上記の図式を参照して、アンガティーヤにおける情緒、とりわけ怒りと悲しみにおける自己の変形のあり方を検討し、自己のあり方の特徴の一端を素描したい。

彼らの間では、怒りは、さまざまな文脈で言及される。さまざまな用法の中でも特に筆者が注目するのは、男子を成人させ、強い戦士にするための「成人儀礼」のなかで、「すぐに怒るような人物」にするために行われていた手続きである。それは、熱したパンダナスの実を少年たちの顔に押し付けるというものである。こうすると鼻が大きくなるとされる。鼻の大きい男は「すぐに怒る」のだそうだ。

戦いと怒りとの結びつきは、怒りに対象（つまり、敵）があること、そして怒りは、その対象への働きかけと密接に関わっている事実を物語っている。サルトルが述べたような「自己と対象の関わり方を非反省的に変更すること」という性格が端的に現れていると言える。では、対象への働きかけとして、戦いにおける怒りとは如何なるものなのか。まず、怒りは、恐れと対照をなしている点を確認しておこう。恐れは、戦いに消極的な態度を取り、戦場に赴かず、敵から逃げ出すような態度と結び付けられる。これとは逆に、怒りは、敵に対して積極・果敢に戦いを挑む態度と結び付けられている。この点を踏まえれば、自己が対象と積極的に関わり、そして対象を圧倒するように作用するのが、怒る際の対象への働きかけ方ということになるだろう。サルトルは、怒ることによって「問題の微妙で正確な解決法を見出せないので、自分を低め、粗雑で適応のよりわるい解決法でもこと足りるような存在に、自分を作り変える」と述べている［サルトル 1957：287］。言うまでもなく、敵に対する「適応のよい解決法」とは、戦う以外の何ものでもない。従って、サルトルの怒りの内容規定をそのままアンガティーヤに当てはめることは出来ない。ただし、困難に際会しても対象への関わりを存続させ、その際に通常の自己のあり方を変化させる営みとして怒りを捉えるならば、サルトルにとっての怒りとアンガティーヤ言うところの怒りは重なり合うことになる。サルトルは怒りにおける自己変容を「粗雑で適応のよりわるい解決法でもこと足りるような存在に作り変えること」「まったき下位の状態におくこと」というふうに表現している。アンガティーヤの怒りにおける変容した自己は、対象の属性に従属せずに、対象への働きかけを継続できるような自己、あるいは、対象の属性に関わりなく同一の手段を取り続けられるような自己、ということになるだろう。この場合、自己は、「低められた」というよりも「強められた」という色彩を帯びているはずだ。アンガティーヤの人々の間では、怒ることは必ずしも悪徳ではない。戦いに際してそれは望ましい徳であり、「強さ *watɨpante*」とも結び付いている。

次にアンガティーヤにおける悲しみのあり方を見てみよう。筆者の見るところ、アンガティーヤの悲しみと最も深く結びついている場面の一つとして、別離、とりわけ死がもたらす別離をあげることが出来る。そして、別離の場面では、モノのやりとりと悲しみの情緒が切り離し難く結びついている。

死者の家族や弔問客は、遺体に取り縋って泣くのだが、その際「さつまいも、タロいも、ヤムいも、豚（肉）、鳥（肉）、クスクス（の肉）、砂糖きび、バナナ」などと食べ物の名前を叫びながら、そうする。このような泣き方をする理由について人々は、次のような説明をしてくれる。

写真……葬儀の際の「口説き」に登場するクスクス（有袋類の一種）。

すなわち、今まで、死者がこのような食べ物を自分に与えてきてくれた。ところが、その死者は居なくなってしまい、自分はこれからどうやってそうした食物を手に入れたらいいのか。それを思うと、心が重くなって、悲しくなり、それで食物の名を叫びながら泣くのだという。モノを与えられないのは、悲しむべき事態なのである。孤独とそれに伴う悲しみは、モノを受け取れない経験として、アンガティーヤの人々は理解している。その上で先にも紹介した通り、悲しみに沈んだ人物は、「死者のこと／悲しいことを考え続けて」外出を控え、パンダナスの実を食すこと、ビンロウの実を噛むことを控え、剃髪を行わず、水浴びにも出かけない。

サルトルは、悲しみを「対象の把握が不可能になっているか、あるいは堪えがたい緊張を生むかする」状況を変更すべく、対象あるいは自己を無化する非反省的な営みとして提示した。いましがた述べた「悲しみ方」は、いずれもサルトル言うところの、対象との関わりを遮断し、自己に耽溺する状況に相当する。その限りで、アンガティーヤの悲しみとサルトルのそれは、重なり合っている。

ところが、もう一つの「悲しみ方」「泣き方」が存在する。家族や友人を亡くした人物が、呪術を用いて、ねずみの害や旱魃あるいは長雨を起し、自身が暮らす集落、さらにはアンガティーヤの人々の間に飢えをもたらす方法である。

「ひとりの男が死んだ時、彼の家族の男と女、あるいは、彼の友人であった男と女は泣く。…人によっては、こんなふうに考える。ヤムいも、タロいもを植えていた人が死に、それを自分たちは食べられなくなったのに、自分たち以外の人々は、それを食べ続けている。しかし、自分たちは食べられない。こう考えて、畑に行って唱え言を行う。するとタロいも、ヤムいもは、よく育たず、枯れて死んでしまう…」「人が死んだ時、その家族や縁者は、死者が作っていた作物をたくさん食べることができず、ひもじい思いをしている。ところが、ほかの人々は、たくさん食べて『喜んで』日々を過ごしている。これに怒って、呪術を行う。」往々にして悲しみは怒りへと転化する。

とは言うものの、飢えをもたらす呪術使用の動機について、アンガティーヤの人々は「怒り」をその動機として挙げる一方で、単に「悲しいから」と述べることも多い。飢えをもたらす呪術の実践は、「泣き方」の一つのやり方としても言及される。

ここで、飢えをもたらす呪術を含んだ呪術一般の意義について触れておきたい。呪術の知識を有しているという老人に自らの半生について語ってもらった際の言葉である。

「人を殺すための唱え言、これはこのように言うのだと、父は、私に語った。この唱え言を私は保持してきて、さまざまな仕事（筆者補足；これは、法秩序委員会などの『公共的』な業務）に用いた。さまざまな仕事にピョンピョン飛び乗っては、次の仕事に移って行き、今に至った。… あちら、こちらで壊れてしまったこと（筆者補足；さまざまな問題・紛争のこと）に関して、呪術を行う。そんなわけで、アンガティーヤの男と女が私のもとに進んで来て、私を役職に就ける。そのような呪術を私は保持している」。

ここで注目したいのは、老人が自らの能力や功績を単に自分一個に帰しているわけではない点である。自らのさまざまな能力や達成は、唱え言によってもたらされたものであり、その呪術は、父からさらにその祖先から受け継いだものだとされる。こうした性格は、アンガティーヤの呪術一般の特徴である。呪術の中核をなす呪文は、基本的には先祖伝来の土地の情景を用いた、所期の事態、あるいは呪文の実行者の置かれた状況の比喩的表現である。呪術は祖先伝来の土地に関わる知識としての性格を備えるものとして、親から子、あるいは母方オジから姉妹の子へ伝えられる。

以上のような呪術を、アンガティーヤでは、他者に対して怒った場合も、また愛する人（自分にモノをくれる人）の喪失がもたらす悲しみに際しても同じく用いるのである。

先にみたサルトルの所論によれば、「怒り」における自己変容は、「粗雑で適応のよりわるい解決法でもこと足りるような存在」に作り変えること」「まったき下位の状態におくこと」とされていた。また、「悲しみ」における自己変容は、対象か自身を無化することで、自己と対象を断絶し世界に向けた行動を放棄する試みであった。

しかし、アンガティーヤにおける呪術は、父親、祖父母や母方オジから伝えられ、さらに遡って、その祖先から伝えられたものである。呪術の使用は、自己が強力な祖先などと紐帯を有していることの確認という側面を有している。呪術の使用は、自己を祖先との関係の中に位置づけることで、自己の変容が図られているということができる。「怒って」あるいは「悲しんで」呪術を用いることは、自己を「低め」たり、「無化する」というよりも、父や祖先など過去に実在した「強い存在」と自己との一体化を意味し、そうすることで再び対象への働きかけが可能になるのである。

怒りにおいても、また悲しみにおいても、アンガティーヤ的自己は、より強力な存在として「拡大」し、世界へ関わっていこうとする存在として読み解くことができる。

V　情緒的な経験としての生

ここまで、いくつかの語り口をより合わせながら、人々の間で自己がどのようなものとして想定されているのか、素描を試みた。いくつかの語り口や振る舞い方が織り成す「パターン」を、彼らの自己概念としてまとめ上げたとも言える。

写真……祖先伝来の土地。

マァロオの概念のもとに、心（情緒）と生命力、霊魂、そして不可視の次元がひとまとめにされている事実からは、アガータ語の語彙の単純さとともに、生を情緒的な経験と同一視するアンガティーヤの人々の暗黙の前提を読み取ることができる。

無意識を想定しない語り口、裏返せば自己の経験の領域を自覚可能な、あるいは意識可能な経験の領域に限定する語り口は、自己がいま現在自分自身を統御できていない可能性を摘み取る。怒りや悲しみをめぐる語り口、そしてそうした情緒と結びついた呪術の存在は、アンガティーヤの人々を「自己を拡大」して「小うるさくてこんなむずかしい世界」に対峙する存在として造型してしまう。生の基調たる情緒の経験は、自己の「強さ」を前提としたものなのである。

アンガティーヤの人々の間で筆者が日々暮らしていて実感されるのは、彼らの「激しさ」であり、あわせて彼らの自己に対する「揺るぎない自信」のようなものであった。そうした「質感」を浮き彫りするための端緒を示すことが本章の目的であった。しかし、筆者が取りえたのは、生の「質感」を概念的なことばに置き換える方法であった。自己と他者との間にどのように境界線を引くのか、その論理の抽出に重点を置いたのである。

本来、「たんたんと過ぎていく日常」の中の自己のあり方を描くためには、人を取り巻く具体的なモノやこと、あるいは当の人物と同じような人との相互交渉の中で、自己と自己以外のモノやことの間に境界線が引かれ、それが如何に引きなおされていくか、これを描き出すことが何よりも求められる。さらに歩を進めるためには、彼らの身のまわりの世界を構成する「さまざまな具体的事物」を描かなければならない。それは、アンガティーヤの場合、祖先伝来の土地と人とのかかわりを描くことに他ならない。「自己の強さや大きさ」は、祖先の土地との結びつきが担保している。残された課題を予示して、本章を終えたい。

注

1 —— アンガティーヤはパプアニューギニア、モロベMorobe州のアセキAseki副郡の標高1200mの山地に住む人口約3千人の集団である。さつまいもを中心に焼畑農業とコーヒー豆の栽培を、夫婦と未成年の子どもから成る世帯を単位に営む。伝統的に世襲の役職や階層構造は存在せず、極めて平等主義的な色彩が強い。

2 —— 情緒・感情とは、現地語で「マァロオ・アスピヤタイジェ *maariho aspiyataise*」、「マァロオ・マリタタイジェ *maariho maritataise*」などの表現が意味する人の状態を指す。これらを一括して情緒として扱うのは、上述の言い回しなどをとりあえず「悲しい」「嬉しい」など、日本語で通常情緒として一括できる状態として訳すことができるからである。もちろん、これらの語の用法が、日本語の用法と完全に重なり合うわけではなく、社会的文脈の中で異なる意義を担ってもいる。そうであるにも拘わらず、このような人の状態に情緒という訳語を充てるのは、あえてそうすることで、我々の文化的前提とアンガティーヤのそれとの比較が可能になり、彼我の特徴がいっそう鮮明になるからである。

参照文献

サルトル、ジャンポール

1957 「情緒論粗描」『サルトル全集　第23巻　哲学論文集』竹内芳郎・平井啓之訳：人文書院。

内堀 基光・山下 晋司

1986 『死の人類学』：弘文堂。

内堀 基光

1996 『森の食べ方』：東京大学出版会。

第3部……………………………………

関係

第6章
ボルネオ島プナンの「雷複合」の民族誌

動物と人間の近接の禁止とその関係性

奥野 克巳

内堀基光は『森の食べ方』のなかで、マレーシア・サラワク州（ボルネオ島）の焼畑民イバン Iban の「クディ *kudi*」について記述検討している［内堀 1996］。

> クディという語は、もっとも日常的には、晴れた日に突然おそってくる嵐のことをいう。突風と雨、雷鳴と稲妻。これは木々の下で仕事をすることの多いイバンにとっては、現実にそうとう危険をもたらす天候の激変である［内堀 1996: 181］。

あるイバン女性が、2 歳の孫が小枝に犬をじゃれつかせているのを見て、「犬とたわむれるな、そうしないとクディになるよ」という内容のことを語ったことを引きながら、内堀は「こうした自然現象と犬の扱い方のあいだには、まだかなりの距離がある」［内堀 1996: 181］と述べて、その距離の穴埋め作業に踏み込んでいる。

1975 年の長雨に関して、あるイバンはそれを、「父と娘の近親相姦のせいにし、そのためにこれをクディとみなしていた」［内堀 1996: 182］。この点を踏まえて、内堀は、「問題は、犬にたいするある種の行為と近親相姦がクディという同一のカテゴリーにくくられる原因となるとされていることを、どう解釈するかという点に帰着する」と捉えている［内堀 1996: 182］。つまり、クディの原因として、犬とたわむれることと近親相姦が同一のカテゴリーにくくられることについて、考えてみなければならないというのである。

それに続けて、内堀は、「これを秩序の侵犯というふうに抽象化するのは人類学者の解釈であるが、この解釈自体はまちがいではない。だが、もう少し『秩序』の内容を補足しておく必要がありそうに思われる」［内堀 1996: 182］と述べる。その上で、「『秩序』というのは明示的にこれが秩序といわれることは少ない。秩序はむしろ禁止事項の目録としてあらわれるのがふつうである。この目録のなかに、犬への近接と近親相姦がいわばおなじ資格でリストアップされるのである」［内堀 1996: 183］という。内堀によれば、犬への近接と近親相姦が禁止項目のなかに目録化されることによって、反転的に、「秩序」が浮かび上がるのである。

本章では、イバンと同じサラワク州に住む（元）狩猟民プナンPenan人、とりわけ、ブラガBelaga川上流域のプナン人[1)]における同種の問題について記述検討する。厳密には、プナン語でイバン語のクディにあたる語はない。それに近い語として、プナンは、稲妻に打たれて人が石になったり、血を流したりするさまを指して「マルイ *malui*」と呼ぶ。プナンは、イバンの昔話で語られるように、犬だけでなくすべての動物との近接の侵犯を、天候の激変の原因であると捉えている。他方で、プナンは、近親相姦が天候の激変をもたらすとは考えていないようである。

こうした天候の激変をめぐる観念とふるまいは、それぞれの社会において差異はあるものの、ボルネオ島、マレー半島および東インドネシア一帯で広く観察されてきたものであり［Blust 1981］、それらは、民族誌学では一般に、「雷複合 thunder complex」と呼びならわされてきた。「その複合の中心には、禁止事項、とりわけ、動物の扱い方を含む禁止事項が、嵐を招き、その結果、洪水や稲妻によって、ときには、石化によって罰を与えられるという考えがある」［Forth 1989: 89］[2)]。

いま一度内堀のクディに立ち戻ろう。イバン社会で「人間に近い存在」である犬にふれて、内堀は、以下のように述べる。

> 犬と人間の暮らしが空間的にも行動的にも近いだけに、その境界を維持しようとするある防禦的ともいえるメカニズムがそこに働いているのではないだろうか。そのメカニズムは個人のレベルでは心理的なものだといえようが、文化のレベルでは象徴的なものである［内堀 1996: 177］[3)]。

内堀によるこの見解を手がかりとして、本章では、天候の激変をもっぱら動物と人間の間の近接に対する侵犯（以下、近接の侵犯と略述）に求めるプナン社会の民族誌記述を踏まえて、文化のレベルで象徴的に行われる、動物と人間の境界を維持しようとする防禦的なメカニズムの人類史上の意義について考えてみたい[4)]。

I　失敗した猟と「怒りのことば」

ブラガ川流域のプナンは、1960年代後半に、政府主導で陸稲の耕作を開始したが、彼らの焼畑耕作の知識は、今日に至るまで低いものに留まっている。そのため、収穫が豊富である年もあれば、ふるわない年もあったとされる［Jayl Langub 2000: 9］。2006年と2007年には収穫がまったくなく、2008年には、筆者は、僅かながら米の収穫を確認している。プナンは、そのため、日々の暮らしを狩猟と採集に大きく依存している。

プナンは、彼ら自身はけっして区分けして語ることがないのだけれども、今日、二つのタイプの狩猟を行っている。一つは、周辺のジャングルのなかで、朝から夕方の間に行われる旧来型の狩猟である。もう一つは、油ヤシのプランテーションで、夜中に行われる狩猟である。1960年代にブラガ川流域に定住／半定住し始めたプナン人の周囲のジャングルは、1980年代半ばになると、商業伐採によって徐々に切り拓かれていった。プナンは、動物が捕れなくなったことを嘆いたという。その後、ブラガ川流域では、1997年に、大量の樹木が伐採された跡地に、油ヤシの植林計画が導入されている［Jayl Langub 2000］。2000年代初めになると、プナンは、イノシシが油ヤシの熟した実を夜中に食べにやって来ることを発見した。このようにして、油ヤシ・プランテーションにおいて、夜中に行われる待ち伏せ型の狩猟が、近年になって付け加えられたのである。

いずれの狩猟行に対しても、プナンのハンターは、黙って、ロングハウスか狩猟小屋から出かける。そのさい、人びとは、ハンターたちがどこに行くのか、何をするのかなどを尋ねてはいけないとされる。狩猟行を終えたハンターたちは、獲物があるときには黙って戻ってくる。その後、どのように狩りを行なったのかを、集まった人たちの前で披露する。

他方で、獲物がなかった場合には、ハンターたちは、ロングハウスか狩猟小屋が近づくと、「怒りのことば *piah pesaba*」を唱える[5]。

> *Iteu ulie amie padie melakau, puun ateng menigen*[6], *saok todok kat*[7], *selue pemine mena kaan*[8], *uyau, apah*[9], *panyek abai telisu*

写真……川向うの樹上のカニクイザルを狙うハンター

bogeh[10]*, keledet baya buin belengang dek ngelangi*[11]*, saok todok kaan, panyek abai telisu bogeh, keledet saok tedok kaan, baya buin belengang dek ngelangi*
（日本語訳）戻ってきた、兄弟よ、獲物はまったく獲れなかった、何も狩ることができなかった。（嘘を言えば）父と母が死ぬことになるだろう。ブタの大きな鼻、かつてイノシシだったマレー人、トンカチの頭のようなブタの鼻、大きな目のシカ。夜に光るシカの目、ワニ、ブタ、サイチョウ、ニワトリが泣いてやがる。獲物が獲れなかった。ブタの大きな鼻、かつてイノシシだったマレー人、トンカチの頭のようなブタの鼻、大きな目のシカ。夜に光るシカの目。獲物はまったく取れなかった。夜に光るシカの目、ワニ、ブタ、サイチョウ、ニワトリが泣いてやがる。

「怒りのことば」は、概ね、このようなフレーズを用いて、ハンターたちが狩猟に出かけて、獲物がないときだけに唱えられる。それは、獲物が獲れなかったことに対する動物への怒りのことばであるが、同時に、動物に対する侮辱が含まれている。トンカチの頭のようなブタの鼻、シカの大きな目などの言い回しは、日常において発することが禁じられている。逆に、狩猟行で獲物がなかった場合にのみ動物に対する怒りのことばが許されるのである。この点に関しては、III節で検討したい。

II　天候の激変に向き合う

ある日の出来事である。夜になってから、雨が降り続いていた。狩猟キャンプで熟睡していた筆者は、午後10時頃、「大水だ、気をつけろ *jaau bea, jaga*」ということばで眠りから起こされた。瞬間、川の流れは大音量で、筆者の耳へと届けられた。見ると、川の水が、3家族が寝泊りする狩猟キャンプのすぐそばにまで迫ってきている。川幅は普段の倍となり、水位は1メートル強ほど上がっていた。

次に、女たちが、大声で唱えごとをしているのが筆者の耳に入った。見ると、じっとしていられなくて、彼女たちは、あたりをあちこちへと歩きまわりながら、手をふりあげて、声を裏返らせて、必死に祈願のことばを唱えていた。

> *Eh, maneu daau, maneu adee. Pah avi lengedeu bateu hujan, pah avi lecak tanah, pah avi tevi tanah. Ami mani amu mulie, ami mani jaji, ami mani tebang ngan kuuk.*
> (日本語訳）うなりを上げ、稲光を放つ。人を石にする雷がやって来た、大地をこわし、大地を台無しにする。あなたよ（＝雷神よ）どうか退いておくれ、わたしたちとそう約束しておくれ、わたしたちはあなたに会いたい。

このまま水量が増えつづければ、いったいどうなってしまうだろう。狩猟キャンプの周囲は平地であり、どこにも逃げ場がない。このままいくと、われわれはみな大水に飲みこまれてしまうにちがいない。狩猟キャンプに集う10名ほどのプナン人たちとともに、筆者は、大きな恐怖を感じた。それから1時間後に、ようやく川の水は引いていった。

そのような大水、そして、それを引き起こすことになる雷雨は、プナン社会では、雷神 *baley Gau* によってもたらされると考えられている。日中に照りつける熱帯の強烈な太陽によって、過度の湿り気を得て立ちのぼる蒸気は雷雲となって、やがてグウォウォウォーンというものすごい響きとともに、天空でうなりを上げる。稲妻は、遠くからだんだんと近づいてくる。それらは、プナンにとって、天空のかなたからの、恐ろしい神の怒りとしてイメージされてきた。

怒りとは、誰かの「ポニャラ *penyalah*」(まちがったふるまい)[12]に対する憤りにほかならない。雷神は、人間が動物に対して行ったポニャラに対する怒りを爆発させ、ポニャラに責任のある当人たちだけでなく、その周囲の人びと、ときには、猟犬にまでその報いを与える。そのとき、人間は石と化し、焼けただれた大地は、血の色で赤く染まるという。

プナンにとって、雷雨や大雨、洪水などの天候激変は、まったく制御不可能である。プナンにできる唯一のことは、その力を儀礼的に減退させることである。雷光が空に現れると、あるいは、激しい雨が降り始めると、プナンは祈願文を唱える。こうした行為は、一般に「空に祈る *migah langit*」と呼ばれている。

以下のテキストは、激しい稲光を伴う夜の雷鳴と風雨に対して、ティマイ(人名)によって唱えられた「空に祈る」の祈願文である。

写真……天空でグウォウォウォーンとうなりを上げる雷雲

Baley Gau, baley Lengedeu. Akeu pani ngan kuuk baley Gau, baley Lengedeu.
Ia maneu liwen anah medok ineh.
Mau kuuk liwen mau kuuk pengewak baley Gau baley Lengedeu.
Ia maneu liwen Berayung gamban medok. Dom Lasen mala ineh maneu kuuk seli liwen.
Pengah akeu menye bok[13] *mena kau baley Gau, baley Lengedeu.*
Mau kela baley gau, baley Lengedeu.
（日本語訳）雷神よ、稲光の神よ。わたしはあなた、雷神と稲光の神と話している。嵐を起こすのは、ブタオザル（学名 Macaca nemestrina）のせい。雷神よ、稲光の神よ、あなたは嵐を起こすのを止めておくれ。嵐を起こすのは、ブラユン（筆者のプナン名）がブタオザルの写真を撮影したから。ドムとラセン（人名）がそれを笑って、そのことがあなたの気に障って、嵐を起こした。わたしはあなた雷神、稲光の神のために髪の毛を燃やした。雷神よ、稲光の神よ、あなたも（嵐を起こすのを）止めておくれ。

ティマイは、その日の昼間、ラセンとドムの二人のハンターが、猟からブタオザルを持ち帰ったときには、狩猟キャンプにはまだ戻ってきていなかった。しかし、同じく猟に出かけていたティマイは、狩猟キャンプに戻った後で、ブタオザルをめぐって狩猟キャンプで行われた、ラセンたちの行動の概要について聞き知ったにちがいない。ブラユンが、猟から持ち帰られたブタオザルを写真撮影するのによく見えるように、ドムが、死んだブタオザルにポーズをとらせたのである。さらに、ラセンとドムは、それに興じて笑った。ティマイは、ブタオザルに対するポニャラが、稲光を伴う雷鳴と風雨を引き起こした原因だと推測して、髪の毛を引きちぎって、それを燃やしながら、雷神と稲光の神に唱えごとをしたのである。このように、しとめられた動物の写真を撮り、それに興じることは、動物をあざ笑うポニャラであるとされるのである。

ここで見たように、プナン人は、雷雨や大雨、嵐や洪水などに直面するとき、あるいは、それらが間近に迫っていると予想される場合に、雷神の怒りを鎮めるための儀礼を行う。次に、そうした儀礼的なふるまいの背後にあるとされるポニャラに関して検討してみたい。

III　動物と人間との近接というポニャラ

写真……ポーズをとらせて写真撮影されたブタオザル

しとめられたイノシシの鼻はトンカチに似ている。それは、子どもたちの格好の遊び道具となる。子どもたちが、イノシシのパーツで遊ぶ場面では、年寄りたちは、猛然と強い口調で、子どもたちのそうしたふるまいを叱責することがある。そのようなふるまいは、すでに見たように、ポニャラとされる。プナンの年寄りは、怒り狂った雷神によって、人びとが石に変えられたり、鉄砲水で流されたりすることを恐れている。

狩猟キャンプに持ち帰られた籐のバッグのなかに入れてあった動物をちらっと見て、筆者が「お、ニワトリ *dek* か」とつぶやいたとき、目の前にいた男は、そのことばを聞いて、あわてふためいた様子だった。彼は急いで、「ちがう、それは罠に掛かった野鶏だ *amai iteu datah jin viu*」と言い直した。野鶏を、それと姿かたちが似ているニワトリと呼ぶことがポニャラなのである。それは、野鶏をあざ笑い、さいなむことになる。人間にさいなまれた動物の「魂 *barewen*」は、雷神のところに行って、人間の非礼な仕打ちを打ち明ける。野鶏に対する、そのような人間のふるまいは、雷神の怒りを買うとされる。

それとは別の機会に、罠 *viu* に掛かって、生きたまま持ち帰られた野鶏は、狩猟キャンプのリーダーが、それを屠るまでの数分間、人びとに沈黙を強いることになった。生きている動物に、人間が語る粗野な言い回しを聞かれてはならないのである。ポニャラは、動物が死んでからより、生きているときに行われたほうが、より危険度が高いとされる。

プナンはよく、狩猟でしとめられた動物は、すぐに解体・料理して、食べるだけであるという。その過程でポニャラを犯してはならない。動物と人間との近接が極力回避されるのである。とりわけ、ポニャラを犯さないために、しとめられた動物は、別名 *dua ngaran* で言及しなければならないという、広く守られてきている習慣がある[14]。

belengang（サイチョウ） → *bale ateng*（赤い目）
tevaun（オナガサイチョウ） → *baat ulun*（重い頭）
buang（マレーグマ） → *pengah*
kuyat（カニクイザル） → *lurau*
bangat（リーフモンキー） → *nyakit*
kelavet（テナガザル） → *itak*
medok（ブタオザル） → *umeng*
kelasi（赤毛リーフモンキー） → *kaan bale*（赤い動物）
palang alut（ジャコウネコ） → *kaan merem*（夜の動物）
payau（シカ） → *lenge*
telauu（オオマメジカ） → *penyan*
pelano（マメジカ） → *bilun*
kuai（セイラン） → *juit mekeu*（座る鳥）[15]

ポニャラに配慮して、目の前にいる動物に対しては、名前の言い換えが行われなければならないという規則があるにもかかわらず、I節で見たように、狩猟行で獲物がなかった場合には、動物たちに「怒りのことば」を唱えることが許されている。獲物を前にして発してはならないとされることばが、その場合に限って発してもいいとされるのは、ポニャラの対象となる動物がそこにいないからである。魂がないので、雷神は怒らないし、天候の激変も起きないと、プナンは説明する。

さらには、筆者が男たちと魚獲り[16]に出かけた日の出来事である。わたしたちは投網をして、魚を獲っていた。突然、一行は、遠くに雷鳴を聞いた。そのとき、一人のプナン男性が、わたしたちは、魚を取りすぎたにちがいないということを口走った。つまり、彼は、その雷鳴は、過剰漁獲によって川魚をさいなんでいるためであると考えたのである。わたしたちは、すぐに魚獲りを止めて狩猟キャンプへと戻った。

プナン社会では、雷雨や大水を引き起こすことになる、人間によるポニャラとは、広い意味で、しとめられた動物をさいなむような人間の態度、ふるまいにほかならない。ポニャラには、動物の名前を（まちがって）呼んだり、動物の醜さをあざ笑ったり、動物が糞便をするのを笑ったり、猟犬が交尾をするのを見てはやし立てたり、川の魚を獲りすぎたりすることなどが含まれる。

IV　動物と人間の関係性

プナンの神話では、人と動物と神とが溶け合って暮らしていた時代が語られる。その時代、人はブタ *buin* を飼って暮らしていた。

昔、ある女がブタを飼っていた。女性は、朝夕、ラウィン *Lawing* というブタの名を呼んで、餌を与えていた。それはまた神の名でもあった。その神は、自分の名が呼ばれるのをいぶかしく感じていた。ブタ小屋に人が居なくなったのを見計らって、神のラウィンはブタのラウィンを連れ出して、川原の土のなかに埋めてしまった。女性の悲しみがおさまらないので、人びとは川原にブタを探しに出かけた。そのとき、人びとはヘビ *berungan* に出くわして、はじめて見るその動物の姿のヘンテコさをさんざんあざ笑った挙句、持ち帰った。そのヘビは、じつは、神ラウィンの化身であった。一組の兄と妹が、そのヘビを料理していると、雨が降ってきた。そのとき、ヘビは「大水が起きる」と囁いた。その兄妹は、どんどんと高台へと逃げて、生き延びた。他の人たちは、大水に飲まれて死んでしまった。その後、兄妹は、樹上でリス *puan* が交尾するのを見て真似て、セックスをした。生まれてきた子どもたちもまた、同じようにセックスして、子孫をどんどん増やしていった。

この神話では、動物をあざ笑うことが、天候の激変と人びとの死に結びつくことの起源が語られている。さらには、東南アジアの洪水神話のモチーフとして、内堀が示唆するように［内堀 1973］、近親相姦のテーマが語られている[17]。しかし、すでに述べたように、プナンは、今日、近親相姦を天候の激変に結びつけて考えることはない。プナンは、天候の激変をもっぱら動物と人間の近接の侵犯に求めようとする。

こうした動物と人間の近接の侵犯の問題を、どのように捉えればいいのだろうか。プナンによれば、動物たちは、自らが何であるのかを知っているという。魂をもつ動物は、人間と同じように、考えるし、また感情をもつとプナンは考えている。魂があるかどうかは、その動物が「逃げることを知っている *mejam kelap*」かどうかによる。つまり、(逃げる)意思、意識のようなものをもつことが、魂をもつことなのである。

動物には自らの意思、自意識とでもいうべき魂がある。そのため、人間が猟から獲物を持ち帰った場合に、その動物は自らの名前を呼ばれることを快く思わない。そうしたふるまいは、ポニャラである。人間のポニャラに対して、動物は、魂をうち震わせて怒る。人間の非礼な態度に怒った動物の魂は雷神のもとに行き、天候の激変を起こさせるのである。

これに対して、動物が動物に対して、人間が人間に対してポニャラを犯した場合、雷神が怒ることはない。そうだとすれば、ポニャラは、動物と人間の関係を軸として組織化されていることになる。ポニャラは、動物と人間との間でやりとりされるのである[18)]。つまり、プナンは、動物と人間の双方に対して、同等・同質の魂の存在を認め、なおかつ、その関係を、ポニャラを軸として組み立てていることになる。

そうした点を踏まえるならば、ポニャラをつうじて、動物と人間の境界を維持しようとするメカニズムは、動物と人間の近接を禁止し、その結果として両者の間の対等な関係を維持するものとして働いていると見ることができる[19)]。ポニャラを犯せば天候の激変を招くため、人間はポニャラを犯さないようにつねに気配りをする。そのことをつうじて、人間は、動物よりも優位に立つことを思い止まるようになる。そのようにして、動物と人間の間に理念上、対等な関係が築かれるのである[20)]。

しかし、ことはそう単純ではない。プナン社会で、動物と人間の間に、つねに対等な関係が築かれるわけではないからである。そうした動物と人間の対等な関係は、狩猟で動物たちに向き合い、それらを吹矢や銃で殺害した後に、解体・料理を経て食するという一連の過程のなかで、人間の動物に対する優位の関係へと容易に転ずる。いいかえれば、対等な関係は、人間が動物を殺生し、その肉を解体料理し、食する過程のなかで、人間の動物への優位な関係へと反転する。プナンの日常の暮らしは、そのような、人間と動物の間の対等な関係性と人間の動物に

写真……丸焼き料理されるブタオザル

対する優位性が入れ替わる、危ういバランスの上に成り立っているということができる。

魂の共有をベースにした動物と人間の近接の禁止をめぐる規範や作法、儀礼的な手続きは、動物に対する人間の正しいふるまいを、プナン人の心の奥深くに、反復的に想起させる。そのようにして、生きるための技法としての狩猟行動に息づく、人間の動物に対する一方的な生殺与奪による優位な関係を、プナンは、動物の殺害から肉食にいたる過程のなかだけに留めおこうとしてきたのではないだろうか。

V　プナン的な自然との関わり

ポニャラを介した、動物と人間の境界を維持しようとするプナンの防禦的なメカニズムは、いったい何のためにあるのか。それは、動物と人間の間の対等な関係性を維持するためであると解釈することができる。

プナン人の人間観の基礎には、人間は動物を殺して食べてしか生きていくことができない「ちっぽけな存在」であるという認識がある。プナンは、今日でも、獲物が獲れないで空腹 *melau* に直面したとき、反復的に、そのような思いを抱く。日常において、繰り返し空腹が経験されるにもかかわらず、プナンは、動物の狩猟に生活の資を求めることを、あくまでも、生きることの基本としてきた。

人間は、動物の狩猟において、一方的に、それらを殺害し、食べることによって、潜在的に、動物に対する優位性を確立するように方向づけられている。しかし、プナンは、そうした方向づけを発展させて、暮らしを組み立てるのではなく、狩猟と採集に依存しながら生きてゆくために、動物と人間は対等な存在であるというイデオロギーを日常の場面に組み入れようとしてきた。そのようにして、動物も人間も、同じように魂をもち、思い考える存在であるという見方がなされてきたのである。また、動物をさいなむべからずという規範やそれに関わる儀礼の手続きは、動物に対する人間の優位性を築くことがないために用意されたものだと考えることができる。

動物と人間の近接の禁止。それは、プナンが、動物に対する人間の絶対的な優位、いいかえれば、一方的な「人間中心主義」[Steiner

写真……ブラガ川流域の熱帯雨林とハンター

関係

2000; 川田 2004]に陥ることを防いでいるのではないだろうか。いったん動物に対する人間の優位を認めた上で、その理念に従うならば、人間は、動物を人間にとって有用なモノ、すなわち、制御可能な所産的自然としてしか見なくなる。プナンにとって、自然(動物)は所産ではない。動物は、人間とともに魂をもつ自律的な存在である。

こうした一般論が、イバンのクディにもあてはまるかどうか、さらには、東南アジア島嶼部の「雷複合」の民族誌事例にあてはまるかどうかは、はっきりしない。そうだとすれば、一般論への試みを経ていえることは、プナン社会のポニャラをめぐる実践は、「個人のレベルでは心理的なもの」として、また「文化のレベルでは象徴的なもの」として、動物の狩猟に深く依存する狩猟民的な人間の自然への関わりを方向づけているということになるのではないだろうか。

注

1 —— サラワク州のプナンの人口は、15,485 人であると推定されている[Suhakam 2007: 249; Jayl Langub 2009: 2]。ブラガ川上流域には、約 500 人のプナンが住む。

2 —— 「雷複合」とは、「ある違反、とりわけ動物に対する違反行為が、天候の異変をもたらす」[Blust 1981: 294]という考えである。「雷複合」に関する民族誌的な関心は、マラヤのセマン人とボルネオのプナン人の間でほぼ同じような体系があることを報告したニーダムの 1967 年の論文にまで遡ることができる[Needham 1967]。その報告と考察を皮切りとして、民族誌的な事例報告と議論が行われてきた[e.g. Freeman 1968; King 1975; Endicott 1979; Forth 1989]。

3 —— 内堀は、クディに関して、別のところで、これとは別の問題提起を行っている。イバンは、近親相姦がクディに結びついていると考えている。ところが、内堀は、実際には、クディは近親相姦によって引き起こされたという因果理解は正しくないという。なぜならば、クディは、日常の語法としては、「近親相姦」とその結果としての「天候の激変」の双方を示しているからである。その用法の延長線上に、近親相姦などの原因なしに、突風がクディと呼ばれることになる。いいかえれば、日常の語りにおいて、クディには、原因や結果などはない。つまり、内堀によれば、クディとは、因果の枠組みではなく、参照の枠組みなのである。クディに関して、因果連関は、もはや消失してしまっていることになる[Uchibori 2009]。

4 —— 内堀は、『森の食べ方』のなかで、「この本では、私自身が直接きいたりみたりしたこと以外は、できるだけ書かないことにした」[内堀 1996: 212]、「たんたんとすぎていく日常を描ききることは、おそらくもっともむずかしい作業である」［内堀 1996: 213］と述べて、自らの民族誌家として立場を明らかにしている。また、「じぶんが知っていると思っている村や具体的な個々人の人を語る能力の不足」［内堀 1996: 212］という言い回しによって、民族誌家の傲慢を自らに戒めているように見える。内堀は、民族誌家の自信過剰の抑制を強調する一方で、そうした民族誌記述を、一般論なり比較論なりの人類学の諸研究と弁別している。筆者は、本章で、内堀が説くような民族誌の課題の範疇を超えて、「雷複合」に関して、部分的に一般論の領域へと踏み込む。

5 —— "*piah*" とは「ことば」の意である。ジャイルは、ブロシアスを援用しながら［Brosius 1992］、"*saba*" とは「贈り物に対する真心の表現」であると述べているが［Jayl Langub 2009］、筆者の調査地では、そういった意味説明は見出されなかった。卜田は、「ピア・プサバ *piah pesaba*」を「ぼやきことば」と訳しているが［卜田 1996: 67-70］、それは、後述するように、たんなるぼやきではなく、ふだんは発してはいけないとされ、狩猟行で獲物がなかった場合にのみ発することが許されている、動物に対する怒りのことばである。

6 —— "*ateng*" は、強い否定の語である［Brosius 1992: 919］。"*menigen*" は「捕まえる」。この行の意味は、「わたしたちは何も得ることができなかった」というものになる［Jayl Langub 2009: 9］。

7 —— "*saok*" と "*todok*" は、「すべて」を意味する。"*kat*" は、「それぞれとすべて」［Brosius 1992: 920］。この行は、何の動物もいないという意味である［Jayl Langub 2009: 9］。

8 —— "*selue*" は「すべて」、"*pemine*" は「大部分」の意［Brosius 1992: 920］。"*mena*" は「与える」、"*kaan*" は「動物」の意。

9 —— これらの単語は、父と母など近親者の死にさいして、個人に付けられる「喪名 *ngeliwah ngaran*」である。この行は、「もし本当のことを言わなければ、父と母が死んでしまう」と解釈できる［Jayl Langub 2009: 10］.

10—— "*panyek*" は、「プナンが醜悪であると考える、ブタのさえない鼻」、"*abai*" は、「話のなかに出てくる、ブタが変じたマレー人」、"*telisu*" とは、「平らな形をしたイノシシの鼻のようなトンカチ」、"*bogeh*" は「ブギス人」のことである［Brosius 1992: 922］。筆者の調査地のプナン人は、"*bogeh*" は、「大きな目をしたシカ」であると説明した。

11—— "*keledet*" は、夜に光を当てると、目を輝かせるシカのことである［Brosius 1992: 920］。"*baya*" はワニ、"*buin*" はブタ、"*belengang*" はサイチョウ、"*dek*" はニワトリのことであり、"*ngelangi*" は「鳴く」という意味。

12—— 「ポニャラ」とは、あやまち、まちがい、やってはいけないことである。以下では、現地語の日本語表記を用いる。

13—— "*menye bok*" とは、髪の毛を燃やすこと。「空に祈る」儀礼のさいに、プナンは、自分の髪の毛を引きちぎって、それを燃やしながら唱えごとをする。それは、神たちに届けられ、神は、人間がポニャラを認めて、怒りを鎮めることを乞うているのを知るという。

14—— 卜田は、これらを、喪名（脚注9参照）の延長線上で、「人や動物の死によって、彼らはことばを変えていくのである。自分たちのおかれた状況の変化に対応して、その変化を音声として具体化するのが喪中ことばである」[卜田 1996: 62-66] と解釈している。

15—— ここに示したのは、プナンの別名のリストの一部である。イノシシ *mabui* の別名は *besuruk* というが、今日一般に、その別名が用いられることはない。また、別名そのものをもたない動物もいる。さらに、セイラン、オナガセイラン、赤毛リーフモンキーは、それぞれ赤い目、重い頭、赤い動物という形態による別名で呼ばれるものもあれば、意味がはっきりしない別名で呼ばれるものもある。セイランは、狩る前には侮蔑的に遠くから *kuai anyi*（糞まみれのセイラン）、あるいは *anyi* と呼ばれるが、狩った後は *juit mekeu*（座る鳥）と呼ばれる。セイランが、居場所をきれいにして、そこに座るからであるとプナンは説明する。

16—— 今日プナンは、投網、水中銃、魚釣りなどの方法で漁撈を行っている。

17—— プナンは、今日、ブタを飼育しない。ここでは、プナンがブタを飼育・所有しなくなったことの起源が語られている。

18—— これに対して、米や植物、人工物などの非人間的存在物には、魂がない。

19—— 人類社会における対称性思考に関しては、中沢の議論が示唆に富んでいる[中沢 2004]。

20—— とはいうものの、わたしたちは、動物と人間の対称的な関係性を、動物（自然）と人間（文化）を切り分けた上で、それらの二元論の上に成立するようなものとして想像してはならない [Descola and Palsson 1996]。プナンは、プラトン以降ヘーゲルにいたる西洋形而上学の流れのなかで現われた自然観をもたないからである [木田 2007; Okuno 2009]。

参照文献

Blust, Robert

1981 Linguistic Evidence for Some Early Austronesian Taboos. *American Anthropologist* 83: 285-319.

Brosius, Peter

1992 *The Axiological Presence of Death: Penan Geng Death-Names (Volumes I and II)*. PhD dissertation, Department of Anthropology, the University of Michigan, Ann Arbor.

Descola, Philippe and Gisli Palsson

1996 Introduction. In *Nature and Society: Anthropological perspectives.* Descola, Philippe and Gisli Palsson(eds.), pp.1-21. Routledge.

Endicott, Kirk M.

1979 The Batek Negrito Thunder God: The Personification of a Natural Force. In *Imagination of Reality Essays in Southeast Asian Coherence Systems*. A.L. Becker and Yengoyan, A.A.(eds.), pp.29-42. Abu Publishing Corporation.

Forth, Gregory

1989 Animals, Witches and Wind: Eastern Indonesian as the Thunder Complex.

Anthropos 84: 89-106.

Freeman, Derek

1968 Thunder, Blood and the Nicknames of God's Creatures. *Psychoanalyic Quarterly* 37: 353-399.

Jayl Langub

2000 Profile of Five Penan Long Houses. *Workshop on Community Profiles of Ethnic Minorities in Sarawak*. Centre for Modern Management, Caching.

2001 *Suket: Penan Folk Tales*. Universiti Malaysia Sarawak.

2009 Failed Hunting Trip, Lightning, Thunder, and Epidemic. Paper Presented at the Seminar on "the Perceptions of Natural Disasters among the Peoples of Sarawak." UNIMAS.

川田 順造

2004 『人類学的認識論のために』：岩波書店。

木田 元

2007 『反哲学入門』：新潮社。

King, Victor T.

1975 Stones and the Maloh of Indonesian West Borneo. *Journal of the Malaysian Branch of the Royal Asiatic Society* 48: 104-119.

中沢 新一

2004 『対称性人類学』：講談社。

Needham, Rodney

1964 Blood, Thunder, and Mockery of Animals. *Sociologus* 14(2): 136-148.

Okuno, Katsumi

2009 Natural Disaster Among the Penan: Beyond "Thunder Complex". Paper Presented at Seminar on the Perceptions of Natural Disasters among the Peoples of Sarawak, UNIMAS.

卜田 隆嗣

1996『声の力：ボルネオ島プナンのうたと出すことの美学』：弘文堂。

Steiner, Gary

2005 *Anthropocentrism and its Discontents: The Moral Status of Animals in the History of Western Philosophy*. University of Pittsburgh Press.

Suhakam

2007 *SUHAKAM's Report on Penan in Ulu Belaga: Right to Land and Socio-Economic Development.*

内堀 基光（Uchibori, Motomitsu）

1973 「洪水・石・近親相姦：東南アジア洪水神話からの覚え書」『現代思想』1(5): 163-169、青土社。

1996 『森の食べ方』：東京大学出版会。

2009 It's Not Really After the Deluge: A Note on Discourses on Local Flood Experiences in The Upper Skrang. Paper presented at Seminar on the Perceptions of Natural Disasters among the Peoples of Sarawak, UNIMAS.

第４部 もの

第7章
バリにおける消費競争とモノの階梯的世界

中野 麻衣子

人間の世界はモノと人から成っている。モノとモノの関係は人間によって組織され、また人と人との関係もほとんど常にモノを媒介にして成立する［内堀 1997］。モノと人との関わり方は多様であり、モノの世界は個々の社会においてそれぞれ独特の仕方で秩序づけられている。本章では、インドネシア随一の国際的観光地として近年目覚しい経済発展を遂げているバリ社会におけるモノの体系と人々との関わり方について記述・考察する。

国家主導の観光開発により、国際観光産業が著しく発展したバリでは、ここ2、30年の間に社会全体の生活水準が飛躍的に向上するとともに、経済格差が広がった。そのなかで、今日、「ゲンシー *gengsi*」と呼ばれる豊かさを顕示する競争的な消費行動が、バリ社会を席巻している。ゲンシーは、収入規模を問わず、幅広い社会層において観察され、観光で特に潤う南部の村々では、社会階層の上から下までを巻き込んで消費競争が熾烈に展開している。いわゆる消費社会がバリでも幕を開けたと言える。しかし、バリにおけるこのゲンシーによる消費競争には、これまで研究されてきた西洋社会の消費モデルとは異なる原理が働いている。

ゲンシーによる社会的競争は、バリ人のローカルな価値観に基づいて秩序づけられたモノの体系を軸に展開している。外部から消費財として新奇なモノが次々と流入する現在のバリにおいて、人々の生活を取り囲む在来、外来の様々なモノは、貨幣（価格）を尺度に階梯化され、社会階層を定義する堅固な階梯的秩序を生み出している。バリ人の観念においては、モノの秩序と人間の秩序とは別々のものではなく、不可分なものとして考えられており、モノなくしては人の間の階層構成は規定し得ない。言い換えれば、バリでの消費競争では、従来の西洋の消費社会をモデルとした消費の理論で言われるような、人間（消費者）がモノを自由に選択して自己を演出あるいは他人から差異化するということは起こらず、むしろモノの階梯的秩序と人間の階層的秩序との間に操作可能な余地がないと言える。

本章では、バリでの消費競争の軸となっているこのようなモノの世界と、モノの所有・消費をめぐる語りに注目することによって、今日のバリ社会を特徴づけているゲンシーという顕示的消費と社会的競争の意味を考える。社会生活の様々な場面で展開している熾烈なゲンシーの競争を外部から一見すると、バリ人の誰もが「見栄っ張り」に見えるかもしれない。しかし、その土俵となっているモノの階梯的世界と社会の階層構成との分かち難い関係を理解すれば、バリのゲンシーは、我々が「見栄」や「虚飾」という言葉で捉えることとは異なり、むしろ彼ら独特の「進歩」の言説に支えられた、今日のバリ社会が志向するモダニズムであることが見えてこよう。

I 「平らになった」社会とゲンシー：バリにおける消費社会の出現

「格差が広がった」という言い方は外部の観察者の表現であるが、バリ人はこの社会変化を「平らになった *suba marata*」と表現する。端的には、富裕な者が続々と現れ、かつてのように王家（領主家）の一族だけが突出している状況がなくなったと説明される。つまり、バリ人は王家を頂点とした山が崩れたというヴィジョンで階層変化を捉えており、旧来の称号に基づく身分階層つまり「カースト *kasta*」は意味を失っているという認識が、旧貴族、平民を問わず社会全体に広がっている。特に豊かな南部の村々では、村の中央に位置するプリ *puri*（旧領主の屋敷）と見紛う、またはそれをしのぐ威光を放つ豪華な屋敷が村のあちらこちらに点在する。典型的にはこれが「平ら」と言われる景観である。

「平らになった」とは、旧来の身分による格差がなくなったということと同時に、従来は上位階層に独占されていたあらゆる良いもの――富や権力、権利や知識――が下々へと行き渡り、平均化したという意味での「平等化」をも意味する。つまりこの言説は、社会的上昇の機会が万人に開かれているという、機会の平等を謳うものであり、そこには誰もが努力次第で上昇可能であるという認識が含まれている。実際、かつては上位の貴族にのみ許されたとされる屋敷・家屋の様式、儀礼・供物の規模や内容、衣装、髪型などはほとんどすべて、財力次第で誰にでも実現可能になっている。旧来の身分とも関わりなく構成される富裕層が可視的な形で身近に存在しているなかで、今や誰もが富裕願望を持ち、下々の層まで上昇志向が広がっている[1)]。

ボードリヤール［1995 (1970)］などが示すように、消費社会の成立要件とは、かつては階級的秩序によって拘束されていた財やサーヴィスへの接近が開放されること、つまりそれらがあらゆる社会階級にとって無差別に接近可能なモノ（消費対象）となったという認識が共有されることであるならば、「平らになった」という言説が広く社会に浸透している事実をもって、バリ社会はすでに消費社会へと移行したと言える。

こうしたなかで、豊かな南部を中心に、社会的上昇を目指す競争が堰を切ったようにバリ社会全体を席巻している。この競争へと人々を掻き立てているのが、「ゲンシー」と呼ばれる価値観である。「ゲンシー」は、「尊厳、威信」を意味するアラビア語起源のインドネシア語であるが、特に、高価なモノを買ったり身につけたりすることによって自己の「尊厳、威信」を周囲に誇示しようとする心理や行為を表す。この語は今日インドネシア全体で用いられるが、特にバリ社会の熾烈な競争のコンテクストでは、この語は多義的・両義的で、「威信」を目指す姿勢「気張り」というポジティヴな意味とともに、避けるべき「恥」というネガティヴな価値も表す。

バリ人のゲンシーの行動の身近な例としては、寺院へと運ぶ供物の中に高価な輸入果物を使う、そのために最新流行の高価な儀礼衣装やサンダルを身につけ、美容院で髪型をセットする、また近年急増したカフェ *kafe*（酒場）で、バリ人にとっては高価なビールを次々と注文し、空のボトルもテーブルに並べておく［中野 2007］、あるいは結婚式で、新郎新婦が派手に飾ったBMWなどの高級セダンに乗る、といったことが挙げられる。

バリのゲンシーは、金銭的な比較による競争心に基づく財の誇示である点で、ヴェブレン［1998 (1899)］に倣えば、資本主義が高度に発展した社会に現れる「顕示的消費」と呼び得る。しかしバリのゲンシーは、欧米の資本主義社会を思考の場としたヴェブレンやボードリヤールによる消費の理論では説明できない側面も多い。バリ人の社会生活に作用している文化的、精神的、歴史的な特徴が、ゲンシーの消費

写真……カフェでは、これ見よがしにビール瓶が並ぶ。

行動を個性的なものにしている。

最上位の社会階層を「有閑階級」と呼ぶヴェブレンの論じた顕示的競争は、生産的労働からの自由（または距離）を尺度とするものであり、名声の規準や消費規範を支配するのは、「浪費」（無駄遣い）である。そこでは、労働せず、時間と努力、そして財を浪費できるというその余裕が名誉であり、誇示の対象である。したがって勤勉や節倹は隠すべき不名誉となる。これに対しバリでは、倹約は正しい価値であり、勤勉（努力）は恥どころか、むしろ顕示すべきポジティヴな価値であり、いずれもゲンシーの顕示的消費行動とは矛盾しない。富裕化した者は成功に至った自らの苦労を常に強調する。つまり、バリのゲンシーにおいて顕示されるのは、浪費によって証明される余裕といったものではない[2)]。それはむしろ、モノそのものである。

II　モノによる人間表象：モノと人間との関係

このような相違が現れるのは、究極的にはバリにおけるモノそのものの意味、より正確に言えばモノと人間との関係が、ヴェブレンやボードリヤールによる欧米の消費社会のモデルとは異なるためと考えられる。彼らはいずれも、「生まれながらの地位」といった、モノの体系とは切断された人間の階梯を想定している。ヴェブレン［1998］が名誉の根幹にあると見た、浪費によって証明される余裕とは、人間の社会的地位、すなわち彼の言う「生まれのよさ」や「よい血筋」という世襲的な地位の「印」である。ここには、モノと人間の地位とは別であるという前提がある。彼において、「秀れた財」つまりモノは、「上品な外観」、「金銭的な体面」の維持に必要な、つまり人間の地位の装飾という位置づけにしかない。

モノは究極的に社会的地位の差異を表示する「記号」であり、消費は「記号の操作」として定義されるとしたボードリヤール［1995］においては、その前提はより明確に打ち出されている。彼曰く、モノは人間によって操作される道具（「差異表示用具」）にすぎず、人間の地位――地位概念は「世襲される正当性」に基づくとする――を「装う」ものにすぎない。顕示的消費を「見栄」と呼ぶ際の否定的なニュアンス――「本来の」地位よりも上を「装っている」という評価――も、こうした前提に由来していると言える。

しかし、今日のバリ人のモノをめぐる語りや態度からは、このようなモノと人間との切断という前提を見て取ることができない。バリ人たちの日常会話に耳を傾けると、モノによって人を表象する語りが突出している。たとえば、「○○さんって誰？」と聞けば、「金持ちだよ、BMWに乗ってる」、あるいは「二階建ての家を持っている人」という答えが真っ先に返ってくる。つまり、身につけている物や所有する物によって人の上下の差異を示し、あるいは判断する。「○○の新しい恋人って誰？」という問いには、「ティグル *Tiger* に乗ってくる人」という一言で会話が成立している。ティグルとは、ホンダ社製の比較的大型（200cc）のオートバイ（自動二輪車）で、一般に普及している100cc前後のものより大きく高価格であり、豊かな家庭の若者に好まれている。つまりティグルと言うだけで、普通より社会階層が上だと理解する。バリではモノと人間との間に距離がなく、モノの地位がそのまま人間の地位であるような認識が存在しているのである。

このようなモノによってその人間を代表させる語り口は、植民地以前のバリで書かれた年代記*babad*などの語り口と共通するものである。バリの王権をめぐる近年の歴史研究［e.g. Schulte Nordholt 1986; 1996; Wiener 1995］が示した重要な点の一つは、バリの王国において位階的秩序の頂点にあったのは人（王）というよりも、モノ、すなわち王の所有するクリス*kris*（波状の刃を持つ剣）であったことである。つまりクリスが王に権威を与え、その力を保証していた。クリスが「力*kasaktian*」の源であり、王はその正当な所持者であった。そうした王に連なる親族集団の年代記は、決まって固有の名前を持ち魔術的な力を持つクリスの獲得とその特徴の説明から始まる。クリスというモノについて語ることがすなわち、それを所有した人間の偉大さやその一族の優越性を語ることとなっている。クリスは理論的には誰にでも獲得可能なものであり、強力なクリスは、恐怖心を克服するという鍛錬（つまり積極的な努力）によって神から贈与されるものであった。

写真……供物が捧げられた後のオートバイと車。

ここでは詳述できないが、今日のバリ人は、モノと人との関係を、歴史研究が描き出すこのような王権とクリスの関係と同じ語彙や論理を用いて語っている。つまり、モノに力があり、モノを獲得することで人間が力を発揮する。モノの獲得には努力が必要であり、モノを獲得し維持できることは、モノ（その力）に耐え得る人間であることを証明する。したがって人間の力や権威は、所有するモノと同一視される。今日も、万物には「意思*idep*」があり、力を宿すものと考えるバリ人にとって、車（自動四輪車）やオートバイは、吉日を選んで購入し、その後直ちに浄化儀礼を施し、定期的に供物を捧げる儀礼対象でもある。それらは、懇ろに供物をしなければ人間に反逆し、事故を引き起こす、主体性を帯びた存在である。BMW などの高級車は「警察に止められず」、あらゆるところで優先される。つまり、モノそのものが社会的に権威を持ち、現実に威力を発揮している。バリにおける人間の地位とは、こうしたモノの差異によって決まるものであり、「生まれ」といった世襲的地位とは異なり、モノの獲得・所有をもって初めて存立する本質的に「獲得的な」ものである。モノと切り離された人間の階梯はそもそも考えられない。つまり、人間の上下はモノによって表現するしかないのである。

III　階梯化されたモノの世界

1　モノの階梯

モノによって人を評価できるのは、モノが明確に階梯化されているからである[3)]。バリ人の日常生活を取り囲むあらゆるモノが、貨幣という一元的な価値尺度を基準に徹底的に序列化・階梯化されており、それは車やオートバイといった高額の消費財にとどまらず、洗剤や菓子やタバコといったこまごまとした「日用品」にまで及んでいる。その階梯が、人間の上下を規定するとともに、社会的行動を強く規制する秩序を作っている。

たとえばそれは、乗り物に対する人々の態度に見て取れる。バリでは、車を所有する者はわずかな距離でもオートバイには乗らない、オートバイを所有する者は自転車には決して乗らない、という原則が徹底していると言っても過言ではない。バリ人にとってオートバイに乗るということは、「まだ車を持っていない」つまり「まだ買えない」ことを意味し、自転車に乗るということは、「オートバイさえ買えない」ことを意味する。そもそも現在のバリでは、自転車に乗っているのは子供か、外国人観光客くらいである。芸能公演などで来日したことのあるバリ人たちは皆、日本ではスーツ姿の男性が自転車に乗っている光景に何よりも驚いたと言い、「ここ（バリ）ではゲンシーで、あり得ない！」と、口を揃えて語る。この場合の「ゲンシー」は、バリ語に置き換えれば「恥ずかしい *lek*」「恥ずかしくてできない *sing juari*」を意味する、インドネシアでは一般的でないバリ人独特の用法である。

人を評価する際に、決まって言及されるのが移動手段である。この階梯は大きく、車－オートバイ－自転車－徒歩と4段階に区分され、車とオートバイはさらに、価格帯に沿って種類や銘柄が区別され、多様な商品が微細に序列化されている。今日のバリでは、車を所有しているか否かが、「持てる者 *ane ngelah*」か否かを判断する一般的な基準となっている。車の階梯においては、メルシ *Mersi*（メルセデス・ベンツ）やBMW（ベー・エム・ウェー）に代表される「高級車 *mobil mewah*」が最高位にあり、これらを含む「セダン *sedan*」は広く普及しているワゴン車よりも上位に位置し、ワゴン車の中ではトヨタ社のキジャン *Kijang* が最高位、その下に様々な車が位置づけられ、最下位にスズキ社のケリー *Carry* が置かれる。「ケリーに乗っている」と言えば、辛うじて車に手が届いた者ということになる。

庶民の足となっているオートバイの場合は、上から、ホンダ－ヤマハ－スズキ－カワサキというメーカーの序列も明確である。バリでは「ホンダ」とはオートバイの一般名詞でもあるが、比較的大型（200cc以上）で高額のタイプは「男ホンダ *honda muani*」と呼ばれ、通常の「家鴨ホンダ *honda bebek*」とは別格の地位を付与されている。したがって先述のティグル（ホンダ社の男ホンダ）は、オートバイの階梯の中では最高位に位置する。

人を表象する際にとりわけこうした移動手段の階梯を用いる傾向は老若男女に共通しており、車やオートバイの種類や細かい商品名（つまりその序列）は、文盲でインドネシア語もままならない老女でさえよく知っている。移動手段の階梯は、実のところ、旧来の身分体系を髣髴とさせるものである。車－オートバイ－自転車－徒歩という4つの階梯は、4つのカーストのように人間を4つの階層に分け、微細に差異化された商品の階梯は、身分の細かい序列を示す称号のように人の位階を示す機能を果たしている[4)]。

モノの階梯には、在来の古い階梯も存続している。たとえば屋敷の重要な建物の一つである儀礼用東屋 *bale dangin* の階梯がその一例である。儀礼用東屋には、柱の数によって、下から順に「6本柱 *saka nem*」「8本柱 *saka ulu*」「9本柱 *tiang sanga*」「12本柱 *saka roras*」と4つの階梯がある[5)]。12本柱はかつては王（領主）やその側近といった身分の高い者のみが持てるものであったが、現在の突出した富裕者たちは12

写真……6本柱の儀礼用東屋（2003年）。
観光客向け、輸出向けの猫の木彫りに色を塗る内職をしている。

本柱に建て替えている。あるいは今日も重要なのが、儀礼の階梯、すなわち供物の階梯であり、これは大きく「上 *utama*」「中 *madya*」「下 *nista*」の3段階に区分され、それらはしばしばさらに3つに下位区分され、「上の上 *utamaning utama*」から「下の下 *nistaning nista*」までの9階梯が認識される。

供物や芸能などの在来の「バリ的な」モノは、車や携帯電話などの外来の消費財と同じモノの世界の一環であり、グローバルな経済の中で実現していく階梯的世界を成している。

2　モノのセットとそれからの「逸脱」

さらに、それぞれに階梯化されたモノ同士はセットになっており、モノの組み合わせは非常に固定的である。人々の間では、モノ同士のランクは一致して然るべきだとする思考が顕著である。たとえば、高級車を所有していれば、儀礼の供物は当然、上または上の上であるべきであり、上の供物であれば当然芸能が伴い、執行するのは最高位の祭司でなければならないとされる。あるモノと組み合わされるモノは非選択

写真……2年後、8本柱に建て替え中（2005年）。供物作りをしている。

的で、いわば「必然」である。

モノのセットの主な構成要素としては、移動手段、家屋、儀礼・供物、衣装などがある。上位のセットとしては、たとえば高級車、「無目地（の焼煉瓦）*masang encap*」の屋敷塀、12本柱の儀礼用東屋、上（の上）の供物、「大装束 *payas agung*」の婚礼衣装。中位のセットは、オートバイ、「セメントブロック *batako*」または部分的に「焼煉瓦 *bata*」、8本柱、中の供物、「中装束 *payas madya*」。豊かな地域ではもはやほとんど見られない下位のセットとしては、自転車、「土塀 *tembok popolan*」または「日干し煉瓦 *citakan*」、6本柱、下の供物、「小装束 *payas nista*」といったところである[6)]。

高級車を所有しているにもかかわらず、儀礼用東屋が6本柱であったり、結婚式の供物が下であったり、婚礼衣装が中装束であったりするのはおかしい、あるいは、ちぐはぐだと考えられており、実際そのような事例は皆無であると言ってよい。ビジネススーツで自転車に乗ることに対するバリ人たちの一様な驚愕は、彼らの抱くモノのセットがいかに固定的であるかを物語っている。「ちぐはぐ」という感覚を生み出すまでに、モノ同士の組み合わせ——スーツには車、それもセダン——は固定化されている[7]。

したがって、モノの体系は、ひとつながりになったモノのセットの階梯であり、モノのセットが単純に下（安価なモノ）から上（より高価なモノ）に積み重なった一元的な階層構造を呈している。そして重要なのは、この階層的に配列されたモノのセットが、人間の間の階層構成、つまり社会階層を定義していることである。特定の固定的なモノのセットのうち、どのセットを所有し消費しているかによって、社会階層が認識されている。

上へ上へと上昇しようとする競争心がゲンシーの行動を特徴づけているなかで、上位のモノのセットを所有・消費する者は通常、下位のセットに属するモノを所有・消費することはない。他方、車を持たない者が、結婚式ではレンタルして大装束を身につけたり、高級腕時計を身につけたり、寺院祭礼の際に目立って大きく豪華な供物を持っていくなど、下位のモノのセットを所有・消費する者が、上位のセットに属するモノを単体で交えて消費することは日常茶飯事である。注目したいのは、

写真……12本柱の儀礼用東屋。平民出身の富豪宅。

写真……大装束での結婚式。金の装飾品が眩しい。

一見タイプの異なるこの二つの所有・消費行動を、バリ人はどちらも同じく「ゲンシー」と呼んでいる事実である。つまり、ゲンシーという行動は、自己の階層を定義するモノのセットからの「逸脱」と理解し得る。

前者では「ゲンシー」は「恥ずかしい」という意味で使われている。他方、後者のゲンシーは、「見栄」と訳したくなる。しかしこれは、人間の地位とモノとのずれという意味での「分を超えた」行動としての「見栄」ではない。むしろ、当人の上昇意識を強調する点で、「気張り」に近い。この「気張り」のゲンシーの行動が人目を引くのは、「恥ずかしい」ゲンシーの行動と同じく、モノのセットからの逸脱だからである。二つのゲンシーは、消費対象であるモノが、人間の階層を定義しているモノのセットからずれているという感覚に基づいている点で、全く同じゲンシーなのである。

ただし、下位のモノの消費による逸脱行為（「恥ずかしい」ゲンシー）は避けられ、上位のモノの消費による逸脱行為（「気張り」のゲンシー）

写真……小装束での結婚式。必須の儀礼の一場面。

は盛んである。そして、自己の階層を定義するモノのセットのさらに上へと、常に逸脱しようとする社会的競争によって、モノの体系全体もまた常に動いている。

3　モノの体系のダイナミズム

人々の間の熾烈なゲンシーの競争を通して、モノの体系もダイナミックに変化する。そのダイナミズムには、互いに競争する人々の範囲の違いから、概ね二種類を区別することができる。より全体的な社会的視野で観察されるマクロなダイナミズムと、競争の視野が日常生活で近接する自分と「同類」の人々、つまりモノの体系の中でほぼ同一のセットを所有・消費している同一階層の人々の間で観察されるミクロなダイナミズムである。

マクロなダイナミズムは、異なる二つの観察視点から捉えることができる。モノの体系に視点を当てて観察した場合、モノの体系は常に上方向に拡張している。典型的な例は移動手段である。最も高価で最上位の移動手段は、時とともに、オートバイ（　→家鴨ホンダ→男ホンダ）から車（　→ケリー　→キジャン→セダン→メルシ・BMW）へとかさ上げされてきた。時とともにより高価なモノが最上位に付け加えられ、モノの体系は上の方向により高く伸びている。ボードリヤールの言う、「差別効果の低下率」の関数として常に社会階層の頂点で行われる、社会的差別をもたらすモノの「革新」［ボードリヤール 1995: 70-71］は、バリでは常に、より高価なモノへの更新として実現する。モノの階梯の最上位に至った者は、常に新しいより高価なモノを取得することによってさらに上位に立とうとする。

他方、モノの体系には、人を相対評価するモノの階層的枠組みが常に存在する。すなわち、モノの体系の一側面であり、モノの体系と、それが定義する社会階層とを媒介する認識枠組みである。典型的な例は、儀礼におけるモノ（つまり供物）の階層的枠組みの認識――上中下、さらにそれぞれの内部での上中下――である[8)]。供物の上中下の階梯は、その時々の競争社会（互いにゲンシーの競争をする範囲の社会）におけるモノの競争で使われている範囲のモノについて、相対的な位置づけ（上中下）を与える階層的枠組みとして認識されている。

ゲンシーの競争によってモノの体系が（最上位に新規のモノが付け加わることによって）上方向に拡伸しても、モノの階層的枠組み（供物の上中下の枠組み）は変化しない。モノの体系が常に上方向に伸びるのに伴い、モノの階層的枠組みも上方へと移動していく。モノの階層的枠組みに視点を当てれば、それぞれの階層（上の供物、中の供物など）を構成するモノは、時とともにより高価なモノと交代する。それは同時に、モノの階層が定義（または対応）する社会階層が、時とともにより高価なモノを所有・消費しようと競争することでもある。個々のモノに視点を当てて観察すれば、同一のモノは、時とともにモノの階層的枠組みの中での位置を下降させ、対応する社会階層もより下位の階層へと下降していく。以前は上の供物にふさわしかったモノが、中から下、さらには下の下の供物と位置づけられ、それを用いる者はいなくなるということが実際に起こっている。社会的には、同一のモノは、時とともにより広く社会に普及していく。それに伴い、モノの階層的枠組みの最下位に位置するモノは、時とともに競争の場面から姿を消していく。

社会全体の視野では、最上位の階層における、より高価なモノの取得と誇示を目指す競争が、ダイナミックに展開している。しかし、社会の大多数の、中位から下位にかけての階層の人々にとって、より上位の階層への移行（つまり富裕化）は容易ではない。彼らの日常生活でゲンシーの関心が集中するのは、むしろ互いに同類である隣人との競争である。そこでは、ミクロなダイナミズムが支配している。

互いに同類と見なす同一階層の人々の間では、「イリー *iri*」と呼ばれる嫉妬や妬みの感情に強迫された「同じもの」の所有・消費の競争によって、新しいモノが急速に普及する。ある者が何か高価な新しいモノを購入した――儀礼の際にボトル入りのコカコーラを出したなど――となれば、たちまち「話され（＝陰口を叩かれ）*raosanga*」、周囲の競争心を強く刺激する。身近な親族や隣人が所有するモノに対して人々が抱くイリーの感情は、しばしば強烈なものである。ましてや周囲の大多数の人がすでに所有しているとなれば、自分も持たねばならないという焦燥感はほとんど強迫観念となり、無理をしてでもそれを手に入れようとする。「もう皆が持っているから」という動機による消費競争に特徴的なのは、周囲の人が購買したものと全く「同じ *patuh*」（色や形が同一

写真……流行によりどんどん高級化していく慣習衣装。

の）モノを買おうとする傾向である。そのため、たとえば同じメーカーの、モデルもデザインも全く同一の服やサンダルが、ある集落一帯に急速に普及するという現象が観察される[9]。

ボードリヤールらが描くような、「個性」の追求が消費のテーマであり、自己を他者と区別する「差異」を探し求める欧米の消費社会とは対照的に、バリでは基本的に、「同じ」という概念が消費をめぐる語りを特徴づけている。かつては、自分より上位の身分の者と「同じ」煉瓦を屋敷塀に使ったり、儀礼の際に「同じ」衣装を身につけたりすることは、「同じにする *mamada*」（高さを等しくする）と言われ、タブーであった[10]。「平らになった」社会とは、このタブーが取り払われた社会に他ならない。バリの消費社会の基本的テーマはむしろ、「同じもの」の所有・消費によってモノの階梯を登り、社会的上昇を実現していくことなのである。

IV　モノの階梯を登ること：社会的上昇と「進歩」

モノの体系が時とともに変化しても、貨幣を尺度にモノが階層的に配列されたその一元的な構造は変化しない。少なくとも現在のバリでは、社会的競争はこの一元的なモノの階梯という土俵を離れて展開していく方向には向かっていない。それゆえ、消費による社会的競争は、バリでは多様な欲望を生み出しているというより、むしろ人々の欲望を一元化している。

欧米においては、少なくとも1950年代には、ヴェブレンが論じたような顕示的消費は「俗悪化」してきたとされ、最上位の階層においてはむしろ「控え目な消費」が行われることが観察されてきた［cf. ガルブレイス 2006 (1958): 126］。ボードリヤールによれば、これはモノの拒否、「消費」の拒否の形をとる「反消費」による差異化、つまり、財やモノを見せびらかす新興階層に対して、逆に控え目な消費を誇示するという、記号の形式上の逆転による上流階級の新たな差異化の戦略である［ボードリヤール 1995: 57, 116-119］。しかし顕示的消費競争が過熱していく現在のバリにおいて、こうした反消費は観察されず、その兆候も見出せないどころか、ゲンシーによる高価なモノの顕示的行動を「俗悪」とする否定的な語りも存在しない。そもそも、バリには「成り上がり」「成金」といった概念（新興富裕層を蔑む視線）が存在しない。急速に富裕化した者（モノの階梯を駆け登った者）は、基本的に「成功 *sukses*」した者として尊敬され、評価される。これらの事実は、バリではモノが人間の地位を代理表象する単なる記号ではなく、モノと地位が不可分であるという本章の見解を裏付ける[11]。

バリでは旧高位貴族も依然として顕示的消費に熱心であり、他の人々と競争してより高価な車を購入し、より立派な家屋を建て、より盛大な儀礼を行っている。筆者の調査してきた南部のP村のプリ（旧領主の屋敷）内の家屋や建物も、ここ10年ほどの間にも次々と改築され、より豪華になっている。建物の古さに価値を置くような考えは希薄である。比較的貧しい地域のプリには苔むした古い建物が見られるが、それについて南部の人々は皆一様に、「彼らはまだ建て替える金銭的余裕がないからだ」と言うのみである。高価な車を乗り回したり、贅を尽くした儀礼を催したりすることは、バリではむしろ、第一義的に「進歩 *maju, kemajuan*」という肯定的な価値で語られている。「進歩」という言葉は、インドネシア独立以来一貫して国家が強調してきた言葉であり、「時代 *zaman* の進歩」「文化 *budaya* の進歩」あるいは「村 *desa* は進歩した」といった表現は公的な語りにおいて頻繁に聞かれる[12]。つまり、「進歩」の言説が、「平らになった」バリ社会のモノの体系を支えているのである。

オートバイしか所有していなかった者が車を購入すれば、それは「マジュ」つまり「進歩した」と言われる。6本柱の東屋を8本柱に、あるいはブロック塀を焼煉瓦の塀に建て替えることは、「進歩」である。つまり、モノの階梯を登ること、したがって社会的上昇は、「進歩」とされる。車に乗る者はオートバイに乗る者よりも「マジュな」者、すなわち「進歩している」者である。つまり、モノの階梯は人を上下に差異化するだけでなく、同時にその差異を「進歩」の度合いとして表す。

実際、下から上へと積み重なったモノのセットの階層構造を成すモノの体系は、バリ人の言う「時代の発展 *perkembangan zaman*」の見取り図ともなっている。下位に位置するより安価なモノのセットはより「遅れていた」（「クノ *kuno*」）時代に、上位のより高価なモノのセットはより「進んでいる」（「モデルン *moderen*」）時代に対応している。ゲンシーの対象となるあらゆるモノが「モデルン」と表現され、このバリ人の「モデルン」つまり「モダン」という語が、「クノ」（遅れた、貧しい）と対立する「進んだ、豊かな」を意味するのは、まさにそのためである。つまり、モノの体系はモノが表す「発展段階」の体系でもあり、常に上方へと拡伸していくそのダイナミズムがバリ人に、「進歩」の感覚を与えていると言える。

モノの体系はしたがって、社会階層を定義するとともに、社会階層を常に「進んだ」（モデルン）／「遅れた」（クノ）という「発展段階」の格差としても位置づける。貨幣を尺度に階梯化され、常に上方へと拡張するこのモノの階梯を登っていくこと、それがバリ人の言う「進歩」であり、彼らの言うモデルンになることである。ゲンシーとそれによる社会的競争は、その意味で、バリ人のモダニズムであると言い得る。それは諸個人が社会的上昇を果たすことであると同時に、社会全体が目指す「時代の発展についていく *ikut*」ことでもある。一言で言えば、それは「豊かになること」を意味する。これが今日のバリにおける「消費」なのである。

注

1 —— ブルデュー［1990 (1979)］が定義するように、「中間階級」とは、社会階梯をよじ登る競争に、少なくとも意識の上ではすでに参加している人々を指すのであれば、近年のバリの経済発展がもたらした基本的な変化とは、人々の意識の中間層化であると言える。

2 —— バリ人の「浪費 *boros, koos*」概念は、何かを「過剰に使う」ことによって何か——端的には「力」——を「無くしてしまう、失う」人やモノの性質を指す。そこには「無駄」という意味はない。

3 —— バリ人の生活空間それ自体、高低・上下の秩序に満ちている。たとえば屋敷内の各建物の基壇の高さは、屋敷寺の神々の祠を最高として、浄から不浄の方向へと徐々に低くなっている。その物理的な高さの序列は同時に、神や人の「座 *linggihan*」の序列でもあり、かつ最も高い建物は最も豪華・高級でなければならないとされる。この高／低＝上／下＝浄／不浄＝豪華／質素という原則は、今日のバリにおけるモノや人の階梯的秩序を貫いている。

4 —— 実際、車やオートバイなどの「乗り物」を表すバリ語は、かつて身分的格差を表していた「座」という言葉である。バリ語では乗り物に乗ることを

「座る *negak/malinggih*」と表現する。したがって、乗り物は人の上下を表す現代の「座」だと言ってもそれほど間違いではないだろう。

5 —— ただし、8本柱は1960年代以降に普及した新しいものとされる。8本柱の東屋は、6本柱から9本柱に建て替えようとしたところ、広さに余裕がなく柱の間隔が詰まり過ぎたため柱を1本除いたという、9本柱の変形体である。

6 —— 屋敷塀は、使用される資材によって、下から、土塀、日干し煉瓦、セメントブロック、焼煉瓦、無目地（焼煉瓦を擦り合わせて密着させ、つぎ目が見えないように積み重ねる、かつては支配貴族の屋敷にのみ見られた塀や壁の建築手法）の順に階梯化されている。

7 —— モノのセットの固定化を支えているのは、異なる系列のモノを組み合わせる意識——「必然」——と、この組み合わせ以外の組み合わせを排除する「ちぐはぐ」の意識であると言える。この意識の組み合わせは、ダグラスやリーチが整理した文化的秩序の理論を想起させる［ダグラス 1972 (1966); リーチ 1981 (1976)］。「ちぐはぐ」の意識はつまり、取り替えの禁止であり、一種のタブーである。

8 —— 移動手段による車－オートバイ－自転車－徒歩もその一例である。

9 —— こうしたミクロな競争によって近年バリで急速に普及した新しいモノの代表的な例に、携帯電話がある。1999年初めには所有者はごく少数で富裕な者に限られていたが、2001年初めには、豊かな村落では、「持たざる者 *ane sing ngelah*」と見なされる人々を除いてことごとく普及していた。携帯電話は当初日本円にして一台3万円以上しており、ウェイトレスの月給が5千円ほどのバリでは大変高価なゲンシー財であった。そのなかで、村落の大多数の家庭では、固定電話より先に携帯電話を所有することになった。

10—— 「同じにする *mamada*」は、「同じ *pada*」（高さが等しい）という語の動詞形である。

11—— ボードリヤールによれば、反消費は、地位と生活程度の追求が、モノや財それ自体ではなく、差異の記号の上に成り立っていることを認めて初めて説明できるものであり、彼の議論において、消費対象であるモノ＝記号であると主張する重要な事象となっている。欧米社会において重要とされるのは、階級間の記号による距離と差異化の維持であり、「差別規準としての価値」を失えば、消費自体も「革新」され、差別規準は、労働と責任のタイプ、教育・教養水準、決定への参加など、より微妙なものになっていく［ボードリヤール 1995: 62, 70］。ブルデュー［1990］が論じたのは、その最も微妙な差別規準としての「趣味」による上流階級の支配とその構造であると言える。しかしバリでは、ブルデューが描く階級社会のように、美的・倫理的性向によって階層間の差異が語られることはない。

12—— たとえば現行の1945年憲法第32条にも、「政府は…国民文化を進歩させる *memajukan*。…文化の営みは…文明、文化、および統一の進歩 *kemajuan* に向けたものでなければならない」と記されている。

参照文献

ボードリヤール、ジャン

1995 (1970)『消費社会の神話と構造』今村仁司・塚原史訳：紀伊国屋書店。

ブルデュー、ピエール

1990 (1979)『ディスタンクシオン：社会的判断力批判Ⅰ・Ⅱ』石井洋二郎訳：藤原書店。

ダグラス、メアリ

1972 (1966)『汚穢と禁忌』塚本利明訳：思潮社。

ガルブレイス、ジョン・K.

2006(1998)『ゆたかな社会　決定版』鈴木哲太郎訳：岩波現代文庫（原著1958年）。

リーチ、エドマンド

1981 (1976)『文化とコミュニケーション：構造人類学入門』青木保・宮坂敬造訳：紀伊國屋書店。

中野 麻衣子

2007 「バールとゲンシー：バリにおける資金集め活動と消費モダニズム」『くにたち人類学研究』2：42-68。

Schulte Nordholt, Henk

1986 *Bali: Colonial Conceptions and Political Change 1700-1940, from Shifting Hierarchies to Fixed Order*. Comparative Asian Studies Program.

1996 *The Spell of Power: A History of Balinese Politics 1650-1940*. KITLV Press.

内堀 基光

1997 「ものと人から成る世界」『岩波講座文化人類学第3巻　「もの」の人間世界』、青木保ほか（編）、pp.1-22、岩波書店。

ヴェブレン、ソースティン

1998(1899)『有閑階級の理論：制度の進化に関する経済学的研究』高哲夫訳：ちくま学芸文庫。

Wiener, Margaret J.

1995 *Visible and Invisible Realms: Power, Magic and Colonial Conquest in Bali*. The University of Chicago Press.

第8章
トーライ社会における貨幣の数え方と払い方

深田 淳太郎

「あなたはお金をどのように支払いますか？」と問われたら、私たちはどのように答えるだろうか。「財布の紐は堅い方です」とか「宵越しの金は持たない主義で」というようなお金を使う際の姿勢を問うているわけではない。文字通りに、商品を買う際にお金をどう支払うのかという問いである。当たり前過ぎて説明するのももどかしいが、あえて言語化すれば、価格として示された額面どおりの（あるいはそれ以上の）紙幣や硬貨を相手に渡し、必要ならばお釣りを受け取る、というのがその回答になるだろう。

このような私たちにとって当たり前の貨幣の支払い方は、特定の条件の下で可能になるものである。たとえば「お釣り」は少額面の貨幣が広く流通していなければ難しい支払い方である。海外旅行で、マーケットなどで買物をした際に「お釣りがない」と言われて困った経験を持つ人は少なくないだろう。日本で買物をしていて、どこでも釣銭があるという状況は、全国に張り巡らされた金融機関のネットワークと両替機によってはじめて可能になるものである。また、それとは逆に、私たちには馴染みがない状況、たとえばハイパーインフレのような状況下では、そもそも紙幣を一枚一枚数えることが当たり前ではないだろうし、額面通りの紙幣をきちんと支払っても受け取ってもらえない場合もある。

すなわち、私たちが当たり前と考えている支払いの方法は、ある特定の条件下においてはじめて可能になっているものであり、同時にその条件が変われば当たり前ではなくなってしまう。このような特定の支払いの方法とそれを可能にする特定の物理的・社会的な条件の結び付きは、反対側から見れば、ある特定のお金の支払い方が特定の貨幣の取り揃えや流通のシステム、さらにはそこで購入される様々なものの価値の配列を作り出すように仕向けているとも考えられるのではないだろうか。

以上のような観点から、本章では貨幣を用いておこなうものの売買について、実際の貨幣の支払い方や売買される様々なものの価値のあり方に注目して考察する。具体的に取りあげるのは、パプアニューギニアのニューブリテン島に住むトーライ Tolai の人々がタブ *tabu* と呼ばれる貝殻貨幣と国家の法定通貨キナ *kina* の二つの貨幣を用いておこなう様々なものの売買の事例である。法貨と貝貨の二つの貨幣が使用されているトーライ社会では、様々なものの価値が二つの異なった貨幣によって支払われ、測られる［深田 2006b］。ものの価値を測り・売買するということが二つの貨幣によってどのようになされており、それらがいかに異なるのかを詳細に検討した上で、そのような売買のやり方や支払い方の違いが、そこで売買されるものの価値のあり方・秩序とどのように関係しているのかについて考察したい。

I　調査地の概要

トーライ人はパプアニューギニア、ニューブリテン島の北東端に位置するガゼル半島に居住する、オーストロネシア系のクアヌア語 kuanua を母語とする人々である。人口は約 14 万人で、パプアニューギニアでは大きな言語集団のひとつである。

現在、トーライの人々の日常生活で主に交換媒体として使われるのは法貨キナであるが、貝貨タブも様々な局面で用いられている。もっとも日常的にタブを使用するのは、村での小規模な取引においてである。道端の露店でビンロウや落花生を買ったり、村の商店で米や缶詰を売買する際の支払いにはキナだけではなく、しばしばタブが用いられる。また葬式や結婚などの各種の儀礼の手続においてもタブは欠かせないものである。さらに近年では、タブはキナを補完する第二の通貨として州政府から公認され、学校の授業料や税金の支払いに使われるようにもなっている［深田 2006a］。

II　タブの多様な形態と計量方法

法貨キナは、私たちが日常使う日本円と同じように国家が発行する紙幣やコインの形で存在しており、その支払い方は（後述するように）私たちが当たり前だと考えている方法と似ている。だが、貝貨タブとキナとでは、物質としてのあり方からして大きく異なっている。以下ではタブの物質としての存在のあり方、計量の単位・方法を概観し、そこから導き出される支払い手段としてのタブの特質を明らかにする。

1　タブの諸形態

タブの原材料はムシロガイ（学名 Nassa Camelus）という直径 1cm、高さ 8mm ほどの巻き貝である。この小さな貝殻の中心に穴を穿ち、そこに藤の蔓を裂いて作った紐を通して数珠状につなぎ合わせたものがタブである。タブのもっとも基本的な単位は 1 ポコノ *pokono* と呼ばれる 1.8m ほどの長さである。だが、それ以外にもタブは多様な形態・まとまりで存在し、使用される。これらの様々な形態のタブはそれぞれ異なった局面で異なった使われ方をされ、計量の方法も多様である。以下では、これらの多様なタブの形態・使用方法・計量方法を概観する。

①1 ポコノ

タブを使う際のもっとも基本的な単位。形態は数珠状。左右に広げた両手先の間の長さで測る。1 ポコノは 1.8 ～ 2m 程度とされるが、メジャーなどは使わず、専ら腕で測る。人頭税が 2 ポコノ、子ブタが 10 ポコノ、婚資が 200 ポコノというように、多くのものやサーヴィスがポコノを単位として価格提示され、支払われる。

②輸入され卸売りされる未加工のムシロガイ

現在、ムシロガイは隣国のソロモン諸島西部地域から輸入されている。ムシロガイは、穀物 10kg、20kg を詰める頑丈な袋に入れて輸入され、それをビックマンと呼ばれる経済的に豊かな人物が購入する。いわば卸売りである。袋の中のムシロガイは、天日で乾燥させただけの未加工のものである。買った本人がタブに加工して儀礼で用いる場合もあれば、未加工のままで小売りされることもある。

③小売りされる未加工のムシロガイ

②の未加工の貝殻はマーケットなどで小売りされる。あるいは口コミで「誰々がタブを売っている」という噂が広がり、村人が所有者のところに直接買いに行くこともある。貝殻は 330ml の缶や瓶などで掬って計量される。1 缶で 5 ポコノ分のタブの原料になると言われる。人々はこの貝殻を買い、タブを作って儀礼に備える。

写真……原料のムシロガイにペンチを使って穴を開ける作業

④タブの小片

通常タブは1ポコノ以上の長さで作られるので、それよりも短いタブは長いタブが切り離されて出来た断片である。短いタブもポコノの場合と同様に体の一部を使って計量される。指先から肘まででトゥラマリクン *tulamarikun*（1/4 ポコノ相当）、指先から胸まででパパール *papar*（1/2 ポコノ相当）など様々な測り方をする。短いタブは複数つなぎ合わせて1ポコノ以上の長いタブに加工できる。また、短いままで商品の売買にも用いられる。短いタブで売買される商品の価格は、貝殻の個数（貝殻1個＝1パラタブ *palatabu*）で提示される。だが、その支払いはバラバラの状態の貝殻を数えてではなく、短いタブを目分量で測ってなされることが多い（詳細は後述）。

⑤穴空け加工済みのバラバラの貝殻

短くなりすぎたり、ボロボロになったタブは、長くつなぎ合わせるのではなく、紐から貝殻を外してバラバラに解体される。この貝殻は、儀

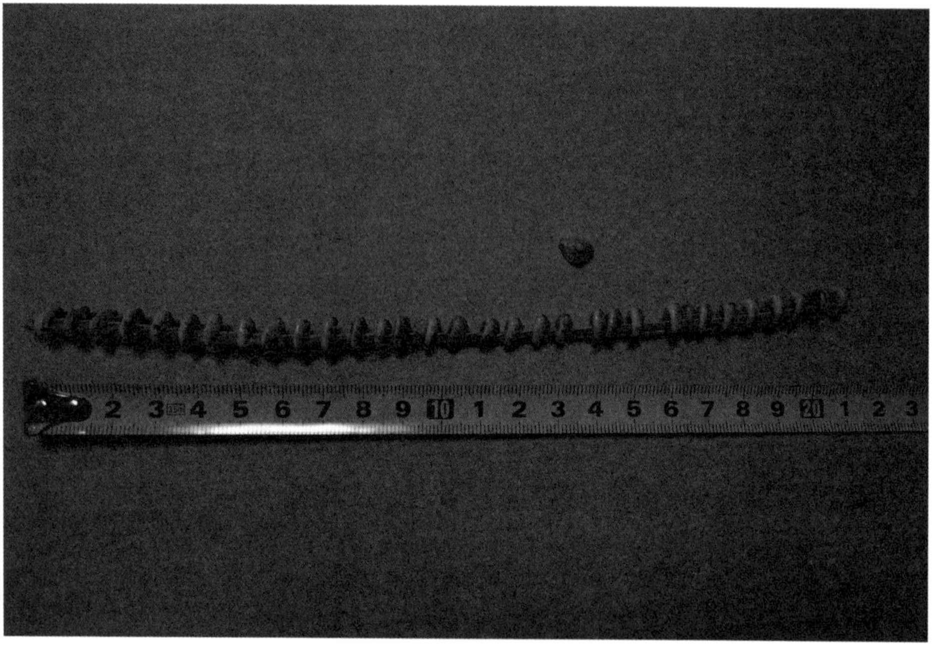

前ページ
写真上……タブの小片
写真下……葬式会場に飾られたロロイ

礼などの際に再び紐を通されて長いタブに加工される。また、バラバラの貝殻のままで使われることもある。この場合、計量は③と同様に缶や瓶でなされ、1缶・1瓶が5ポコノに相当するとされる。

⑥1アリップ *arip*

10ポコノを1アリップと呼ぶ。大量のタブをまとめる際にはこの1アリップが基本的な単位になる。物質的にも1アリップ単位で一括りに束ねられ紐で縛られる。婚資の支払いや儀礼の手続など、大量のタブの受渡しには、この形態のタブが用いられる。

⑦ロロイ *loloi*

大量の数珠状のタブを車輪状に束ねたもの。小さいロロイでも100ポコノ程度、大きい場合は1000ポコノ以上のタブを束ねて作られる。ロロイは計量や支払いのための単位ではない。他の形態のタブが取引の媒体として人の手から手へと渡るのに対して、ロロイは取引には用いられない。普段は所有者の小屋の中にしまい込まれ、葬儀などの限られた機会にのみ外に出される。最終的にロロイは、その所有者が死んだときにバラバラの短いタブに切り分けられ、葬式の参列者に分配される。

以上のようにタブはバラバラの貝殻やそれが瓶や缶に詰められた状態、短い数珠状、長く束ねられた数珠状、巨大な車輪状など多様な形

図1……タブの多様な形態と計量の方法

	形態	加工		計量方法	基準となる量	ポコノ換算
		穴空け	紐通し			
①	1ポコノ	○	○	長さ	両腕のあいだの幅。	1ポコノ
②	原料の卸売り	×	×	容量	穀物の袋10kg、15kg、20kg	
③	原料の小売り	×	×	容量	330mlの缶、瓶	5ポコノ
④	タブの小片	○	○	長さ・貝殻の数	身体の一部（指先から手首、肘、胸など）。貝殻の数（パラタブ）。片数	1/2、1/4、1/8ポコノなど
⑤	バラバラの貝殻	○	×	容量	330mlの缶、瓶	5ポコノ
⑥	1アリップ	○	○	長さ	1周＝1ポコノで10周まとめた束	10ポコノ
⑦	ロロイ	○	○	大きさ	計量されない	たくさん

態で存在している。またそれぞれのタブの形態は、貝殻の数、容量、長さなど、様々に異なる方法で計量される。

2　タブの二つの特性

物質としてのタブの形態やその計量の方法は、タブに二つの特性を与える。一つ目の特性は、タブには様々な形態が存在するが、それらはすべてタブであるということである。これは、日本円には多様な紙幣や硬貨が存在するが、それらがすべて円であるのと同じである。この当然にも思えることが、タブをタブたらしめる重要な特性である。たとえばティヴ社会［Bohannan 1967］やロッセル島［Armstrong 1967］では、取引のカテゴリーや交換物のグレードごとに異なった種類の自生通貨 indigenous currency が使用されるが、異なる自生通貨のあいだにはしばしば互換関係がなく、別々の交換の領域[1)]が存在するとされる。それに対してタブは、場面や用途ごとに異なる形態で用いられるものの、それらはすべてタブである。タブは切ったりつないだりすることで様々に形態を変える。そしてトーライ社会では、（理念的には）あらゆるものをタブで買うことができる。ひとつの貨幣であらゆるものを買えるということから、日本円がそうであるように、タブはトーライ社会においてあらゆるものを数量的に連続した価値の直線上に――人頭税が2ポコノ、罰金が10ポコノ、婚資が200ポコノというように――位置付け、比較することを可能にする貨幣である。

二つ目の特性は一つ目の特性とは矛盾する。タブは数字がそうであるようには連続したものとしては捉えられないのである。正確に言えば、数字上は連続するものとして捉えられ、計算されるが、実際に使用される物質としてのタブの諸形態のあいだは計算どおりには連続しない。たとえば日本円では、100円玉、500円玉、1000円札のあいだには数量的に連続した関係が存在する。100円玉は5枚で500円玉と等価に、500円玉は2枚で1000円札と等価になるというような関係性である。これに対してタブの諸形態のあいだは必ずしもスムーズに連続しない。たとえば前述したタブの小片トゥラマリクンは1/4ポコノであるとされるが、これを実際に4片つなぎ合わせても必ずしも1ポコノにはならない。そのタブの小片が本当にトゥラマリクンであるか否かは、実際にトゥラマリクンとして支払われ／受け取られたという事実以外には根拠を持ちえない。中には、やたらに短いトゥラマリクンもあれば、つなぎ合わせることが困難なほどボロボロなものもあるかもしれない。それらを4片つなぎ合わせても、1ポコノとして通用する保証はない。1/4×4＝1と数字を計算するように4トゥラマリクン＝1ポコノになるか否かは、やってみるまで分からないのである。「長さ」という同じ方法で計量するポコノ単位のタブ①とタブの小片④とのあいだですらスムーズに連続しないのであるから、互いに共約的な計量の基準がないタブの諸形態のあいだではなおさら数量的に連続した関係は成り立たない。

このように、タブはひとつながりの連続した数量のイメージで捉えられ計算されるものでありながら、同時に、異なるタブの諸形態同士は必ずしも数字を計算するとおりには連続していないという相矛盾する二つの特性を持つ。

私が観察したある婚資の支払い儀礼では、このタブの二つの特性の共存の様子を見て取れた［深田 2007］。婚資の支払いには、基本的にはアリップ単位のタブ⑥が用いられるが、ときに、支払いの一部に貝殻の瓶詰め⑤が含まれることがある。瓶詰めの貝殻とアリップ単位のタブとでは形態が異なるが、しかし両者の関係は1アリップ＝10ポコノ＝瓶2本分の貝殻という等式であらわされ、合算されて、実際に婚資として支払われる。このときは1アリップのタブが15束と貝殻の入った瓶が6本支払われた。計算すると、15×10＋6×5＝180ポコノのタブが婚資として支払われたことになる。婚資の額は人々にとって大きな関心事であるが、この180ポコノは、その中に瓶詰めの貝殻が含まれていても180ポコノとして認知された。だが、この婚資を受け取った嫁側の親族集団の一部の人々は、儀礼が終わった後に次のように言っていた。「婚資はちゃんと紐状につながれたタブで支払われるべきだ。我々はあの瓶の貝殻からタブを作らなければならないじゃないか。」

このようにタブは数量的に連続したものとして計量され、支払われる。しかし物質的な側面においてはタブの異なる諸形態のあいだは必ずしも連続的なものとしては存在しない。1アリップのタブと貝殻の瓶2本は数字上は同じ10ポコノだが、物質としての両者のあいだには消し去ることができない接ぎ目が存在するのである。

写真……婚資の支払い。中央にタブのアリップが、左に瓶詰めのタブが並べられている。

Ⅲ タブを支払う方法

ではタブの二つの特性は実際の取引の中ではどのようなかたちであらわれるのか。以下では実際の取引の局面でタブが用いられるいくつかの事例を取りあげて、人々がタブを用いてものの価値を測り、売買する様子を見ていく。

1　葬儀の場でのものの売買の様子

近年、タブを用いたものの売買がもっとも盛んになされる機会の一つが、葬式などの儀礼の場である。葬式では、死者のタブが大量に切られ（ロロイやアリップ単位でまとめられたタブが短いタブに切り分けられ）、参列者に配られる。葬式が終わった後の会場ではアイスやスナック菓子が売られ、人々はたった今配られたばかりのタブの小片でそれらの商品を買い求める。以下、二つの具体的な売買の様子を見てみよう。

事例１　アイスクリームを売っていた女性に「いくら？」と値段を尋ねると、「100」という返事が返ってきた。100 パラタブ（貝殻 100 個）である。さらに「キナだといくら？」と尋ねると、周囲と相談して少し考えてから「1.2 キナ」と答えた。「でもキナでは売らない。今日はタブだけだよ。」

一緒にいた友人Ｍがタブの小片をバスケットから取り出してアイスクリームを買おうとすると、女性は「その１片では足りない。もう１つだ」と言う。Ｍはもう１つタブを出す。「よし OK。」売買成立である。しかし、どう見てもタブをもう１片渡したのはＭの払い過ぎだ。続けて私が長いタブをバスケットからのぞかせて買おうとする。売り手の女性はタブをバスケットから出せと言う。私はＭが明らかに 100 パラタブには多すぎる２片を払ったのを見ていたため、バスケットから長いタブを出したらその１片をすべてよこせと言われるのではないかと恐れ、端から少しずつ出していくことにした。少しずつ出して切る仕草をして「このあたりか？」ときくと「もう少し」。もう少し出して「このあたり？」ときくと「OK」で売買が成立。[2003 年 10 月 23 日フィールドノート

写真……葬式会場でスナック菓子を売る女性。箱の中に受け取ったタブが見える。

より]

事例2　葬式がはじまる前に、タブで売るためのスナック菓子の箱を持った女性がペンを貸してくれと言ってきた。何かと思って様子を見ていると、女性はスナック菓子の箱を開けて子供たちに1袋ずつ渡している。親戚の子にあげているのかと思うと、そうではない。女性は私のペンでその子たちの名前を箱の蓋にメモしている。これからの葬式で子供たちがタブを入手することを見込んだ上での信用売りをしているのである。スナック菓子1つ100パラタブだと女性が言うと子供たちは「えー！高い」という反応。「他では80だよ」と子供たち。「じゃあ、他の人が来るの待ったら」と女性は返す。[2004年9月18日フィールドノートより]

事例1では、アイスクリームの価値がタブの貝殻の数で測られ（100パラタブ）、同時にキナの額面（1.2キナ）でも測られている。事例2では売り手の女性と子供たちのあいだでスナック菓子がいくらかという価格交渉が貝殻の数を単位におこなわれている。これらの商品の価値の測定では、タブにおいてもキナにおいても額面、数値としての貨幣が用いられている。

では、数値で測られた商品の価値（＝価格）が、実際にタブで支払われる際にはどのような単位が用いられるのか。このときに測られる対象は、支払われた物質としてのタブである。100パラタブを支払うときには、そこで手渡されたタブがなんらかの単位で測られ、100パラタブに相当するかどうかが判断される。

ここで測るために用いる単位は様々である。事例1では、Mは1片のタブで100パラタブの支払いに足りると判断したが、売り手は足りないと判断している。どの程度の長さのタブにいくつくらいの貝殻が含まれているのかを、トーライの人々はだいたいの目分量、あるいは「手」分量で測る[2)]が、この計測の感覚は必ずしも人々のあいだで共有されてない。実際、Mと売り手の女性は、それぞれの目分量でタブの長さを測ったが、意見は一致しなかった。

Mの後で、私は1片の長めのタブを100パラタブ分ちぎって支払おうとした。売り手は、目分量で100パラタブ分を測り、その長さの分だけのタブを切って私は100パラタブを支払った。ここでも目分量で100パラタブ分の長さのタブが測られている。

Mの売買に戻ろう。Mは1片では足りないと言われ、もう1片のタブを支払った。計2片のタブを支払ったわけだが、合計した長さは明らかに100パラタブを超過していた（このことは後で話したときにM自身も認めていた）。この支払いでは、測る単位が目分量での長さではなく「タブ1片」に変化している。まずタブ1片が目分量の長さを単位に測られ、100パラタブに満たないと判断された。その後に、今度は100パラタブが、タブの片数で測られ、「もう1片」を加えたタブ計2片が100パラタブの支払いに相当することになったのである。

事例3　HとAと誰かと誰かが4人で話している。Aが出した4片のタブで4本のアイスブロック[3]を購入しようという算段である。私の目には4片のタブの小片はそれぞれ30～40パラタブに見えた。アイスブロックは1本50パラタブなので、せいぜい3本分しかないのではないか。4本買うには足りないように私には見えた。Hもおそらくそう思ったのだろう、買いに行くAに「これで4本くれ」と言うんだ、と指図している。結果、Aは4本のアイスブロックを持って帰ってきた。この4片のタブで4本のアイスを買うのだ、という交渉の余地がタブでの取引には存在する。キナでアイスブロックを買う場合、15トヤ *toea*[4] しかなかったら絶対に買えない。アイスブロックは20トヤであり、50パラタブであり、そしてタブ1片でもある。

その後、同じ売り手からキナでアイスブロックを買った人がいた。売り手は1キナ硬貨での支払いに対して20トヤ硬貨4枚（80トヤ）のお釣りを渡した。ぼおっとしているときに何となく視界に入っただけだったのだが、「はっ」と思った。お釣りはタブではありえない。[2003年10月24日フィールドノートより]

この買物の様子を観察していた私は、彼らのタブ4片を目分量での長さで測り（30～40パラタブ×4本≒150パラタブ程度と判断し）、アイスブロック4本分＝200パラタブには足りないと考えた。しかし彼らは1片を単位として支払いを試み、売り手もそれを認め、タブ4片でアイスブロック４本の購入に成功した。

このようにタブでの支払いでは、やり取りの過程で用いられるタブの形態・状態によって、測るための単位が様々に変わる。それゆえに、ある価格――100パラタブなら100パラタブ――として支払われる貨幣の量が「正しい」ことが毎回確認されることはない。そもそも貝殻の個数を単位に測られていた商品の価値（＝価格）が、長さやタブ１片を単位に支払われるわけであるから、これは当然のことである。

2　ものの売買の過程における二つの測る行為

ここまで見て分かったように、ものを貨幣で売買する過程には、二つの異なる測る行為が含まれている。一つ目は私たちにも馴染み深い価格交渉である。事例２で売り手の女性と子供たちがスナック菓子の価格について話していたのがそれである。そこでは具体的な物質を伴わない数量・概念としての貝殻の個数で、スナック菓子の価値が測られる。これに続く二つ目の測る行為は、支払いに用いる具体的な物質としての貨幣を測ることである。事例１で私が出したタブが目分量で測られたように、事例３でＡの出したタブが４片と数えられたようにである。これは同時に、物質としての貨幣によって商品の価値があらわされ、測られ、支払われることでもある。

一つ目の測る行為はキナでもタブでも同じようになされる。キナならば額面で、タブならば貝殻の数で、それぞれひとつながりの連続した数値でものの価値が測られ、あらわされる。これに対し、二つ目の測る行為ではタブとキナそれぞれの取引は異なった様相を見せる。

事例１での取引は、等式を用いれば次のようにあらわすことができる。

アイスクリーム＝100パラタブ＝2片のタブ(M) or長めの１片のタブ(私)

タブでの取引では、多くの場合、一つ目の交渉で測られた商品の価値は「正しく」は支払われない。これは、前述したように、価格が貝殻の数であらわされているにもかかわらず、支払われるタブは長さや片数で測られるからである。支払われたタブが、本当に100パラタブなのかを貝殻を数えて確認することはめったにない。売買が成立した事実が、そこで支払われたタブが 100 パラタブであったということを意味する。
一方、事例 3 のキナでのアイスブロックの売買は次のようにあらわすことができる。

アイスブロック＝ 20 トヤ＝ 1 キナ硬貨－（20 トヤ硬貨× 4）

キナでの取引では、一つ目の交渉で測られた[5]価値（＝価格）は「正しく」支払われる。20 トヤという価格は、1 キナ硬貨の支払いに対して 20 トヤ硬貨 4 枚＝ 80 トヤのお釣りを渡すという厳密な支払いによって実現される。この等式の左側の等号があらわす、物質としての貨幣を伴わずに測る行為（価格交渉）は、右側の等号があらわす具体的な貨幣を用いて測る行為によって明示的な形で確認される。両方の測る行為において、同じ単位——一方は数値・概念であり、他方は硬貨や紙幣という物質だが——が用いられることが極めて重要な意味を持っている。

3 代理表象の記号としての貨幣

こうして買物におけるそれぞれの貨幣の支払い方を比較すると、数量・概念としての貨幣を用いておこなう一つ目の測る行為と、物質としての貨幣を用いておこなう二つ目の測る行為のあいだの関係が、両者で大きく異なることが分かる。

キナでの取引では、一つ目の測る行為（＝価格交渉）においてキナの額面という数値によって測られたものの価値（＝価格）を、二つ目の測る行為において物質としてのキナが「正しく」実現する（＝支払う）。ものの売買の過程で貨幣が果たす二つの役割のあいだのズレはここでは露呈しない。私たちが日本円で商品を買うときにも言えることだが、一つ目の測る行為〈あの商品はいくらか〉は意識にのぼるが、二つ目の測る行為〈あの 100 円玉は 100 円か〉の方は、もはやそこに測る行為が介在していることはまったく意識されない。それだけ概念・数値としての貨幣を操作し計算することが、実際の物質としての貨幣の支払いを統御しているということである。物質としての貨幣の受け渡しは、交渉された価格を確認しているに過ぎない。

他方、物質としての貝貨タブの諸形態はその非均質性や不連続性ゆえに、価値を測る数値としてのタブと容易には一致しない。この概念・数値としての貨幣と物質としての貨幣のあいだのズレは、二つ目の測る行為で様々な単位が混在するところに端的にあらわれ出ている。一つ目の測る行為で貝殻の個数という単位が用いられるが、二つ目の測る行為ではそれとは異なる目分量の長さや片数などの多様な単位が用いられる。これはタブでの売買においては、キナの場合とは異なり、実際に支払われる貨幣の物質としてのあり方が取引の中で重要な位置を占めていることを意味する。

この両者の違いには、それぞれの貨幣の代理表象の記号としての性質の違いが関係している。貝貨タブがトーライ社会で長く用いられてきた社会的意味をあらわす象徴財であり、その物質自体に価値があるとされるのに対して、法貨キナは物質自体としては単なる紙切れや金属片に過ぎない。岩井は、貨幣はその物質としての価値が希薄になればなるほど、より純粋な代理表象の記号に近づくと論じている［岩井 1998: 70-71］。そう考えれば、キナは物質自体にこめられた意味がなく空虚であるがゆえに、あらゆるものをあらわす純粋な代理表象の記号たりえると言える。それゆえ、数値で示されたものの価値を「正しく」そのままあらわすことができる。他方のタブはそれ自身に意味があり価値があるということから、容易には自ら以外の他のものを代理表象する純粋な記号にはなりえない。

このように取引の中で貨幣が果たす役割の二重性という見地から考えると、二つの貨幣での取引のあいだの違いは次のように言える。キナでの取引は数値としての貨幣が物質としての貨幣を統御する――物質としての貨幣が、交渉の結果決まったものの価値（価格）を「正しく」代理表象する――ことでその二重性が露呈しない。それに対して、タブでの取引は、物質としての貨幣の多様性や非均質性のため、実際に支払われる貨幣と概念・数値としての貨幣とが一致せず、その二重性が露呈するのである。

Ⅳ 測ることにおける行為と物質の重要性

だが、支払われる物質としての貨幣を、数値で測られたものの価値（＝価格）を「正しく」あらわす代理表象の記号として――言い換えれば、二つ目の測る行為を一つ目の測る行為に従属するものとして――捉え、その記号としての性質の違いのみによって、この二つの貨幣での取引の違いを説明することは本当に適切だろうか。最後にもう一度、二つの貨幣の支払い方を見直して、そうではない可能性を検討してみたい。

キナの取引では数値で示された価格どおりに、物質としての貨幣が「正しく」支払われていたが、タブの取引では、その物質としての多様性や非均質性ゆえ、タブは必ずしも価格どおりには支払われなかった。一見、貨幣の物質としての存在がより重要な意味を持つのは、タブの取引のように思える。だが、これは異なる読み方もできる。

キナの取引では、紙幣や硬貨は常に価格どおりに「正しく」数えられ、支払われなければならない。事例3で見たように、20トヤは1キナ硬貨に対して20トヤ硬貨4枚のお釣りを返したり、あるいは10トヤ硬貨が2枚だったりと、それは物質的に「正しく」数えられている必要がある。適当に硬貨を一摑みして、それが20トヤになることはありえない。そこではある特定の物質を「正しく」数えるという行為が決定的に重要な意味を持つ。

一方、タブでの取引ではものの価格と、実際に支払われる物質としての貨幣の一致は、キナでの取引ほどは重要視されない。100パラタブという価格に相当する物質は、1片の長めのタブでも、2片の短めのタブでも構わない。厳密に100パラタブ＝貝殻100個分のタブを数えることはめったにない。支払われる貨幣を厳密に数えた分量ではなく、そこで支払われたものが何をあらわすのかが重要なのである。

このように捉え直してみると、タブでの取引に比べてキナでの取引では、どの種類の紙幣や硬貨をどれだけ支払うのかを厳密に数えるという意味において、物質としての貨幣がより重要な意味を持つと言える。キナでの取引において、交渉の結果決まった価格は、物質としての貨幣を「正しく」数えることによって実現される。ある商品が100円であることは、10円玉を10枚数えたり、50円玉を2枚数えたりと、具体的な物質を「正しく」数えることによってしかあらわしえないのである。

このごく当たり前にも思える事実が重要である。このことが示唆するのは、貨幣を用いてものの価値を測るということにおいて、特定の物質を用いて、ある具体的なやり方で支払いをおこなうことが持つ決定的な重要性である。測るための具体的な道具とその測定の実践・方法の重要性についてカロンは次のように論じている。

> 測量の道具と、それによって測られる対象とのあいだの関係は非常に興味深いものである。測量の道具は、その道具自体と別個にあらかじめ存在しているリアリティを単に記録するわけではない。測量道具は、測るというその行為によって、それが測っている対象のリアリティを強力に形作るのである［Callon 1998: 23］。

ここでカロンは測る道具と測られる対象とのあいだの関係について重要な主張をしている。すなわち、測られる対象がある特定のリアリティを帯びて存在するということは、ある特定の道具を使って特定のやり方でそれを測ることを通して実現されるということである。この主張を敷衍すれば、数値としての貨幣によって示される価格と、実際の貨幣の支払いのあいだの関係性は、次のような形で捉え直すことが可能になる。

数値で比較・計算可能な価値の秩序があらかじめ存在していて、その中に様々な対象が交渉の結果として位置づけられ（価格づけされ）、その価格を物質としての貨幣が支払うのではない。そうではなく、実際の取引において紙幣や硬貨を一枚一枚厳密に数えて支払うという実践自体によって、ひとつながりの連続した数値による比較・計算が可能な価値の秩序がリアリティをもって人々の前に立ちあらわれるのである。

身近な例に引きつければ、「お釣り」という支払いの作法などは、まさに私たちの経済的・金銭的な価値の秩序を形作るものである。たとえば98円の商品を買うとき、100円玉を支払うと1円玉が2枚お釣りとして返ってくる。このお釣りがなかったら、私たちはその商品が98円だったと言えるだろうか。あるいは100円玉に100円の価値があったと言えるだろうか。98円のものを買うために、100円玉1枚を支払い、1円玉2枚のお釣りが返ってくるということを実際におこなうことによって、私たちは100円玉が100円であり、1円玉が1円であり、98円の商品が98円であるような世界をリアルなものとして生きることが可能になる[6)]。お釣りを渡すという行為、およびそこで渡される物質としての貨幣は、計算で示された数字に従っているだけではなく、同時に、その価格の計算という営み自体——そしてそれを意味あるものにする数量的な価値の秩序——を、疑うべくもないリアルなものに仕立て上げているのである。

このように考えれば、他方のタブでの取引において、価格交渉で定められた価格と実際に支払われる貨幣が一致しないということは、そこで価格が「正しく」支払われないのはなぜかという形ではなく、そのような支払いの道具や方法でいったいどのようなリアリティや価値の秩序が生成されるのかという形で問うべき問題になる。

紙幅の関係で本章ではこの問題について論じることはできないが、それはやはりキナでの取引が形作るような数値で比較・計算可能な価値の秩序とは異なったリアリティを形作る[7)]。ただし、一点だけ誤解の無いように書き加えておくと、トーライの人々がタブを用いておこなう取引すべてが、本章で見た葬式会場での取引のように、厳密に数えないという方法でなされるわけではない。たとえば婚資の支払いではタブはきちんと計算・計量されるし、授業料や税金の支払いにおいてもタブはきちんと数えられる。これらの支払いによって生じる秩序は、キナでの商品売買が作り出す感覚と極めて類似したものであると考えられる。

法貨キナの使用と、数値によって比較・計算可能な価値の秩序は必ずしも直接的に結び付かないし、またタブを用いる取引だから数値による計算には馴染まないというわけでもない。貨幣を数え、支払い、取り扱う一つ一つの具体的なやり方に注目することが必要なのである。トーライ社会のような貝貨・法貨を社会の広い範囲において頻繁に用いる社会では、その具体的な扱い方の違いを詳細に見ていくことで、人々が生きるリアリティの生成の過程と機制を描き出すことが可能になるのである。

［付記］

本章は、内堀基光教授が研究代表者を務めた文科省科研費補助金特定領域研究「資源の分配と共有に関する人類学的統合領域の構築」（2002-2007 年度）が主催した研究会「『資源と人間』ワークショップ 4」（2007 年 2 月 19 日）における筆者の発表「パプアニューギニア、トーライ社会における貝貨の数え方と払い方」を大幅に改稿したものである。内堀教授はこのプロジェクトで資源という観点を導入することで、人類学が取り扱ってきた多種多様な対象を、人間の生存に関わる側面から世界を認識・生成するための象徴としての側面までの広い範囲にわたる動態的な過程として捉えることを提唱している［内堀 2007］。様々なものの価値を測り、世界を理解するための象徴としての貨幣の役割と、ものとしての貨幣自体が実際に生活の中で人々の指先で触られ、数えられることの関連に注目する本章の着想は、資源を生態＝象徴の両面からなる「人間と世界のインターフェイス」［内堀・菅原・印東 2007: 198］として捉える内堀教授の視点に影響を受けたものである。

注

1 —— これらの複数の交換の領域の間では、基本的には相互に交換がなされることはなく、また交換がなされる場合には何らかの特別な手段が必要となる。

2 —— このような目分量の感覚は現地で暮らすうちに自然に身につく。私自身は掌を目一杯広げたときの親指の先から小指の先までの長さを 40 パラタブの目安にしていた。

3 —— 「アイスクリーム」は市販のコーンの上に市販のアイスクリームを盛りつけたもの、「アイスブロック」は長さ 20cm ほどの細長いビニール袋にジュースを入れて、冷凍庫で凍らせたものである。

4 —— トヤはキナの補完通貨。100 トヤ＝1 キナ。

5 —— 両者が言葉を交わす形での交渉はなされていないが、その価格が適正であることが合意されているという意味において「価格付け」がなされていると言える。

6 —— そうでなくして、スーパーのチラシに載った 198 円や 399 円のような価格に「お得さ」を感じることができるだろうか。お釣りの無い世界では 98 円も 100 円も同じである。お釣りが返ってくる世界でのみ、そのような微細な価格の差異がリアルな意味を持つ。

7 —— この問題については別稿［深田 2009］で取り組んだ。

参照文献

Armstrong, Wallace E.

1967 Rossel Island Money: A unique monetary system. In *Tribal and Peasant Economies*. George Dalton (ed.), pp. 246-253. Texas Univ Press.

Bohannan, Paul

1967 The impact of money on an African Subsistence Economy. In *Tribal and Peasant Economies*. George Dalton (ed.), pp. 123-135. Texas Univ Press.

Callon, Michel

1998 *The Laws of the Markets*. Blackwell.

深田 淳太郎

2006a 「パプアニューギニア、トーライ社会における貝貨タブをめぐる現在の状況」『くにたち人類学研究』1: 1-22。

2006b「パプアニューギニア・トーライ社会における自生通貨と法定通貨の共存の様態」『文化人類学』71(3): 391-404。

2007 「花嫁を『買う』」『月刊みんぱく』31(12): 22-23。

2009 「つながる実践と区切りだされる意味：パプアニューギニア、トーライ社会の葬式における貝貨の使い方」『文化人類学』73(4): 536-559。

岩井 克人

1998 『貨幣論』：ちくま学芸文庫。

内堀 基光（編）

2007 『資源と人間』資源人類学 01：弘文堂。

内堀 基光・菅原 和孝・印東 道子（編）

2007 『資源人類学』：放送大学教育振興会。

第5部 接合

第5部　接合

第9章
取引費用の引き下げ方

モンゴル遊牧民と市場

辛嶋 博善

モンゴル遊牧民の伝統的な移動式住居である「ゲル *ger*」の中で、牧夫たちがゲームに興じながら馬乳酒を飲む。その横で女性が食事を作る。日が傾くと牧夫の1人がウマに跨り、ヒツジ・ヤギ群を連れ戻しに向かう。

これは、2003年8月のある日の午後のモンゴル国ヘンティー Hentii 県ムルン Mörön 郡[1)]のある遊牧社会の光景である。フィールドワークにおいて目にする最も「牧歌的」な光景さえ、市場における交換によって遊牧社会に流入した物品を抜きに語ることはできない。馬乳酒を作るための容器は、革袋フフール *höhüür* ではなく、ポリタンクである。彼らの興じていたゲームとはトランプであり、それはフェルトの絨毯ではなく、工業製品の絨毯の上で繰り広げられていた。女性が作っていた料理は、市場ザハ *zah* で手に入れた小麦粉を練り、干し肉を入れて作ったうどんであった。そしてこの時料理を作っていたのは、地面で直接火を焚く五徳トルガ *tulga* ではなく、煙突のついた箱型の金属製の竈ゾーフ *zuuh* であった。さらに、移動式住居ゲルの骨組みも市場で売られており、遊牧民の多くもそうしたゲルを購入する。ゲルの骨組みだけでなく、ゲルを覆うフェルトも、彼ら自身で作るとは限らない。現在でもこうしたフェルトを自分で作る遊牧民もいるが、市場で購入する遊牧民も存在するようになっている。

ポリタンクやトランプ、絨毯、金属製の竈といった工業製品が遊牧社会に流入したのは、モンゴルにおける社会主義体制、特に1959年ごろ完了した協同組合化運動と無関係ではない。モンゴル遊牧社会を取り巻く物質文化の多くは、「ネグデル *negdel*」と呼ばれる協同組合の設立を境に、遊牧社会の外部から流入したものに占められるようになっていた。その後、社会主義体制が崩壊し、1992年にはそれまでのモンゴル人民共和国から改称し、協同組合が解体され家畜のほとんどが私有化されたモンゴル国は民主化、市場経済化の道をたどることになる。

私がヘンティー県ムルン郡でフィールドワークを行っていたのは2003年から2004年にかけてであり、モンゴルにおける社会主義体制の崩壊から既に相当の時が流れていた。その間、社会主義体制時代にソ連を中心とするコメコン[2)]経済圏で製造された物品の多くは耐用年数が過ぎ、安価な中国製品に置きかわっていた。遊牧民の若者が身に着けていたのは中国から流通してくる、有名ブランドのロゴが入ったTシャツであり、彼らが食事に用いるのは中国製の茶碗であった。彼らが日没後にトランプをする際に灯す明かりは、中国製のろうそくか、中国製の太陽電池と蛍光灯であった。その意味で社会主義体制の崩壊と市場経済への移行によってモンゴルの遊牧社会は中国製品の流通するグローバルな資本主義経済の末端に取り込まれたと結論付けられるかもしれない。

ただ、ここで問題としなければならないのは日用品の輸入先が変化したことではない。冒頭に記したような日常の光景を成り立たせているのは市場での取引によって得られた物品である。協同組合によって物流が担われていた社会主義体制が崩壊した後、モンゴル遊牧民はこれらの物品を手に入れるために、市場での取引を行わなければならなくなったのである。ここでの取引とは、物品の購入のみならず、遊牧民が私有化するようになった家畜の売却や家畜による生産物の販売をも含んでいる。社会主義体制崩壊後の市場経済への移行によって、モンゴル遊牧民は私有化した家畜や家畜から得られる生産物を売るために市場に出向くことになった。しかしながら、市場で行われる取引とは商品と貨幣の交換だけで完結するものではない。

コースによれば、市場取引を実行するためには、「交渉をしようとする相手が誰であるかを見つけ出すこと、交渉をしたいこと、および、どのような条件で取引しようとしているのかを人々に伝えること、成約にいたるまでにさまざまな駆引きを行なうこと、契約を結ぶこと、契約の条項が守られているかを確かめるための点検を行なうこと、等々の事柄が必要となる」[コース 1992: 8-9]。つまり、市場における取引にはそれ自体コストが掛かるということであり、「取引費用 transaction costs」が必要とされるということである。コースの提唱した取引費用という概念は、オリヴァー・ウィリアムソンやダグラス・ノースに引き継がれ、新制度派経済学における重要な概念の一つとなっているが、ケニアの牧畜社会オルマ Orma の分析を行ったアメリカの経済人類学者エンスミンガーは、イスラム教への改宗、度量衡の標準化、道路と輸送、通信手段の発達により取引費用が変動する様を明らかにしている［Ensminger 1989］。

市場経済化以降のモンゴル遊牧民にとって市場における取引は、単に家畜を現金に換え、その現金で必要な商品を購入する以上の行為となる。すなわち、定価のない市場において損失を出さないために変動する相場を知る必要があり、市場へ家畜を輸送する必要があり、取引に際して自分が騙されていないか用心する必要があり、そして商品の価値を見定める必要が生じるのである。もちろん、取引費用が高ければ取引が成立しなくなる可能性は十分にある。とはいえ、先に示した通り、現在のモンゴル遊牧民の日常は完全な自給自足的な生活とは言いがたく、彼らが日常を市場における交換によって維持しようとするならば、仮に取引費用が多少高くとも、彼らが取引を成立、継続させるという選択肢を選ぶ可能性を否定することができない。もしそうだとするならば、その場合、彼らは高い取引費用を支払い続けなければならないのであろうか。

I　モンゴル遊牧民にとっての市場

モンゴル遊牧民が家畜や家畜生産物の売買を行いうる最も近距離の場所は彼らの宿営地である。というのも、商人のほうが遊牧民のもとへ、肉やカシミヤの買い付けにやってくることがあるからである。遊牧民たちは、肉や、春にカシミヤの買い付けに来た商人に対して、必ずといってよいほど買い取り価格を尋ねる。とはいえ、私の調査地であるムルンの人々と行商のためにやって来た商人（以下、「行商人」）との取引は全く成立しなかったわけではないが、少なくとも大口の取引が成立することはなかった。肉の買い付けに来た行商人と私が調査中に厄介になっていた世帯との間で成立したのは、ヒツジ1頭に対して、小麦粉25kgのほか、タバコ、酒と、差額の現金を受け取っただけのものであった。こうした行商人は定期的にやってくるのでもなく、また、交換可能な商品も常時十分にあるわけではない。さらに、行商人との取引は、都市などと比べて肉やカシミヤの買い取り価格が低く、商品が割高であるため、不利益が大きい[3]。そのため、行商人との取引は非常に限定されており、それが継続して定期的に行われる可能性は低い。

宿営地での行商人との取引を行わないとすれば、遊牧民は取引のために都市の市場へ出向かなければならないことになる。調査地の人々の場合、取引のために約300kmの道のりがある首都ウランバートルの市場に向かうことが多い。ヘンティー県の県庁所在地であるウンドゥルハーンにも市場があり、ムルン郡第1村にある宿営地から約70kmとウランバートルより近いが、肉が安く引き取られ、また商品がウランバートルの市場よりも高く売られているため、ウランバートルに行く方が輸送のための費用を差し引いても利得が大きいと彼らは考えている。

調査世帯で家計を管理していた女性（20代、既婚）による計算を記しておこう。メスのヒツジ1頭がウンドゥルハーンで20,000MNT[4]で売却できる場合、ウランバートルでは30,000MNTで売却することが可能だという。同様に、メスウシ1頭はウンドゥルハーンで120,000MNTで売却できる場合、ウランバートルで170,000MNTで売却可能であり、ウマはウンドゥルハーンで50,000MNTの場合、ウランバートル97,000MNTであるという。もちろん、これに輸送のための経費が掛かることになるが、ウランバートルまで乗り合いの荷車つきジープで輸送する場合、ヒツジの場合1頭につき2,000MNT、メスウシの場合1頭につき10,000MNTが相場である。これにウランバートルまで出向く人がジープに乗車する際の交通費が片道で10,000MNT掛かる。およそウランバートルへ家畜を売りにいく場合、1回にヒツジ（またはヤギ）20～30頭とメスウシ2～3頭を持っていくことになる。仮にヒツジ20頭、ウシ2頭を売却する場合、ウンドゥルハーンであれば20,000（ヒツジ1頭あたりのMNT）×20（頭）＋120,000（ウシ1頭あたりのMNT）×2＝640,000（MNT）である。もちろん、これに輸送費が計上されることになる。これに対し、ウランバートルであれば、30,000（ヒツジ1頭あたりのMNT）×20（頭）－2,000（ヒツジ1頭あたりの輸送費MNT）×20（頭）＋170,000（ウシ1頭あたりのMNT）×2（頭）－10,000（ウシ1頭あたりの輸送費MNT）×2（頭）－10,000（ウランバートルまでの交通費）×2（往復）＝860,000（MNT）となる。この場合、220,000MNT以上の差が出ることになる。

都市の市場で取引を行うためには、まず売却する家畜を輸送するための手段が必要となる。もちろん、自家用車を持たなくとも、乗り合いのジープやワゴンを利用するか、自家用車を持つ近隣の人に依頼して、都市部へ向かう自動車に便乗させてもらうこともできる。しかし、他人の自動車に便乗させてもらう場合、彼らは都市に向かう日を自由に決めることができないため、その旅程は不自由なものとなる。こうした理由だけを鑑みても、多くのモンゴル遊牧民が自家用車を購入したいと考えることは決して不可解なことではなかった。2002 年頃のムルン郡では、2,133 人の人口に対して、トラック 3 台、乗用車 50 台、オートバイ 70 台が個人所有されていた［Damdinsüren ba Myadagma 2003: 22］。私の調査世帯では 2004 年 6 月に自家用車を購入することにした。この自家用車というのは私が調査中に使用していたロシアの UAZ（ウリヤノフスク自動車工場）製ジープ（UAZ-3151）[5] であった（写真 1）。これには以前に彼らのうちのひとりが私の調査用の自動車を購入することを申し出て、私がそれに応じたという経緯がある。なお、彼らは以前、一度自家用車を入手しているが、この時までには既に手放していた。

ウランバートルへの道路事情の変化も、彼らの自動車の所有と自由な商行為へ拍車をかけたことは間違いない。私が調査を開始した 2003 年 6 月当初、彼らの居住地からウランバートルまでロシア製のジープで早くても 7 時間、通常 8 ～ 10 時間を要していた。ウンドゥルハーン～ウランバートル間の道のりは公称 340km であるが、そのうち、舗装道路はバガノール Baganuur ～ウランバートルの間の約 120km であった。バガノール～ウランバートル間はおよそ 2 時間であったが、ムルン～バガノール間の約 180km は、少なくとも 5 時間を要し、さらに天候や道路状況、つまり、泥濘や川の増水、積雪や凍結状況によって、大きく異なってしまうのであった。しかしながら、私が調査を行っていた頃、ウランバートルからヘンティー県に向けて舗装道路の整備が進められ、2004 年 6 月には、途中のツェンケルマンダル Tsenhermandal（略してツェンケル）まで舗装道路の工事がほぼ完了していた（地図）。この時点で正式に開通していなかったようであるが、工事を終えた道路や舗装前の基礎工事を終えた土台には既に自動車の往来があり、ムルン～ウランバートルの所要時間がおよそ 1 ～ 2 時間短縮されるようになっ

写真1……UAZ–3151型ジープ。

ていた。もちろん、そうした道路状況の改善は、時間の短縮だけでなく、燃費[6]の向上やタイヤのパンクなどの故障のリスクの減少にもつながることになる。このように、私の短い調査の間においても、彼らの輸送に関わる事情は大きな変化の途上にあった。このことは取引費用の減少に作用したことは間違いない。

ただ、彼らが市場で家畜を売却する際に負担している取引費用はこのような輸送のコストだけではない。彼らは、陰暦の正月のように特に大規模な消費が予定されている場合には必ずといってよいほど首都ウランバートルへの大掛かりな買出しを行うが、通常、物がなくなれば買いに行くというのが原則で定期的に行うわけではない。こうした家畜の売却のために市場を訪れたのは、例えば子供の進学のためにまとまった現金が必要になった場合を含めても、私が把握した限り年に数回であった。それゆえ、彼らにとっての市場での取引を、例えば日本のスーパーマーケットにおいて主婦が行う買い物と同一視するべきではない。彼らにとって市場とは一部の例外を除けば彼らの日々の生活の場、すなわち自分の宿営地を中心として、家畜の放牧圏や、相互に訪問しあうような人々が居住している宿営地から地理的に離れており、必ずしも頻繁に訪れる場所ではなく、彼らにとって市場での取引は日常の一部であるとしても日々繰り返されるルーティンではなく、大きな取引費用を必要とするものであった。

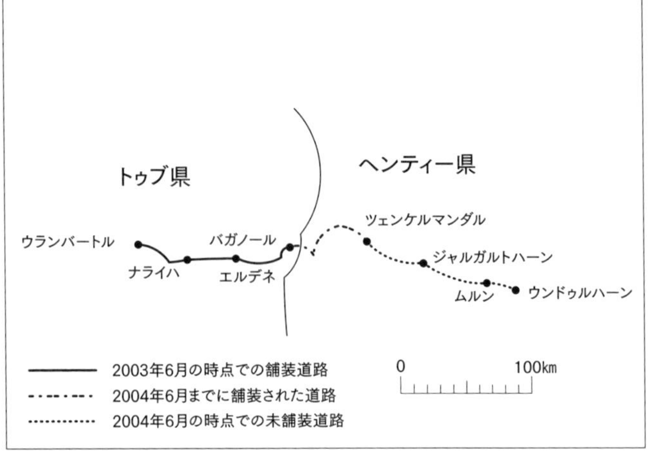

ウランバートル―ウンドゥルハーン間道路図

II　市場への道のりと取引の事例

モンゴル遊牧民の市場への道のりと取引の事例を述べておこう。

2004年6月28日に私は一旦調査を中断して、ウランバートルに戻ることにしていた。この時調査地の人とウンドゥルハーンに居住する彼らの親族の計4名が私と同行することになった。この日、彼らは家畜の屠殺の作業を20時までに終えた。この時期のモンゴルで20時はまだ日没前である。屠殺されて枝肉となったヒツジ、ヤギの胴体には、所有者ごとに色の違うリボンがつけられた。その後、解体したヒツジ、ヤギの肉と骨がついた胴体の計量を行った。計量は小型のバネばかりを用いて行われた。バネばかりに胴体をつるし、そのバネばかりを木の棒に通し、その棒の両端を2人が肩に担いで計量し、その結果をメモ帳に記録した（写真2）。この時屠殺したのはウシ2頭とヒツジ、ヤギ10数頭であった。この時屠殺されたヒツジ、ヤギの1頭分の枝肉の重量は17～25kg、ウシの胴体の肉と骨の重量はそれぞれ166kgと144kgであった。

こうした作業を終えてしばらく休憩した後、ジープの後部の荷台とジープに連結させた鉄製の荷車に載せ（写真3）、もう一軒のゲルに向かった。同様に、そこで解体した家畜を載せ、ウランバートルに向けて出発した。この時すでに23時を過ぎていた。

家畜の肉を長距離運ぶ際、冬であれば、日のあるうちに、なるべく

次頁
写真2……売却する肉の計量。２００４年６月撮影。
写真3……肉の積み込み作業。２００７年８月撮影。

接合

早い時間に出発するのが通常である。それに対して、夏は日没後に出発する。日が短く気温の低い冬は、例えば夜に道に迷った場合、寒さで命の危険にさらされることになるため、早朝出発することになる。逆に夏の場合、日中にはジープの車内の温度が40℃を超えることもあり、そうなれば当然肉の品質に影響を与えることになる。そのため、夏には比較的気温の低い夜に移動することになる。

先述した通り、この当時、ミレニアムロードと呼ばれる舗装道路はツェンケルまで伸びていた。この舗装されたばかりの道路に既に自動車の往来があった。そのため、以前よりも早くウランバートルに到着すると私は考えていた。私はこの時ジープを運転していた彼らのうちのひとりにウランバートルにいつごろ着くのかを聞いてみたところ、彼の答えは意外にも「分からない」という一言であった。そして、彼は「モンゴル人はこうした場合に時間の計算をしない」と付け加えた。実際、ロシア製のジープは故障が多く、また、モンゴルでは天候や道路の状態などによりこうした到着時間は計算どおりにならないのが常である。この時も荷車に肉を載せていたため、それほど速い速度でジープを走らせることができなかった。加えて彼はモンゴル人としては珍しく慎重に運転する人であった。そのため、それほど早くウランバートルに到着することは望めなかったのである。

そして、この時には時間を遅らせることになる更なる要因があった。6月29日午前3時頃、途上のジャルガルトハーンJargalthaan付近の未舗装道路において、警察による検問が行われていた。6月27日にモンゴル国全土において国会議員選挙が行われており、不正工作を防ぐ目的で未舗装道路において警察が検問を行っていたようである。もっとも、舗装道路であれば検問が行われていることは珍しいことではない。ウランバートルからバガノールに向かう舗装道路沿いのいくつかの町に警察の検問所が設置されており、不定期に検問が行われている。しかし、未舗装道路での検問は彼らにとってあまり経験のないことであったし、少なくとも私にとってははじめての経験であった。

この検問は彼らにとって厄介な事態を引き起こした。モンゴル国の道路交通法では自動車で牽引する荷車には登録証が必要とされている。そのためジープに繋いだ荷車の登録証が必要であったが、彼らはそれを所持していなかった。この時の荷車はムルン郡の知人から借用したものであり、登録証はそもそもなかったか、借りていなかったのである。

また、積載していた肉にも、「マリン・ビチグ *malyn bichig*」[7] と呼ばれる証明書が必要であったが、この時その証明書を所持していなかった。彼らが家畜を処分して肉を売買する場合、郡の役場で証明書の交付を受ける必要があった。もちろん、彼ら自身そのことを知らなかったわけではない。証明書の発行は1頭あたり50MNTでできるが、宿営地から30km以上離れた郡の役場を経由しなければならず、その場合役場の業務時間中に訪れなければならないため、夕方に屠殺の作業を終えてから郡の役場で証明書の交付を受けることは不可能であり、また屠殺の作業を早く終えて回り道をしてまで交付してもらうほどこの証明書を重要なものだと彼らは考えていなかったのである。なお、2007年8～9月に調査を行った時に私が観察した限り、彼らは家畜を売りに行く時必ず証明書の交付を受けるようになっていた。この時、証明書は村長 *bagiin dalga* のゲルで交付された。

これらの違反により、彼らは5,000MNTの罰金を警察官に支払うことになった。ただ、通常こうした書類の不備だけであればそれほど長時間足止めされることはない。むしろ、何の違反もない場合の方が長時間拘束されることすらある。しかし、この時はこの場所で1時間以上足止めされたのである。この時の検問は積荷の検査も行われた。通常の検問で積荷が調べられることは稀であると思われるが、この時の検問は国会議員選挙の投票箱や投票用紙などが不当に隠されていないかを調べることが目的であったらしく、積荷である肉や皮の間に隠されているものがないか念入りに調べられた。

さらに、その先のエルデネ Erdene という町でも再び同様の検問が行われており、重ねて罰金を科せられ、さらに1時間ほどの足止めを受けることになる。

29日朝6時、ツェンケルに到着した。そこには数軒の食堂や売店があり、ウンドゥルハーンからウランバートルへ向かう乗合バスや乗合ジープの多くが休憩のためにここに立ち寄る。このツェンケルの食堂も、彼らにとって「市場」となる可能性がある。こうした食堂が輸送中の肉を買い取ることがあるからである。

この日、ツェンケルの食堂に入ったところ、肉があるかを1人の女性店員が尋ねてきた。それに対して彼らはヒツジ、ヤギとウシの肉があると答えた。女性店員はウシの肉のみを買うといい、1kgあたり1,300MNTの値段を提示した。それに対して彼らはヒツジ、ヤギの肉も買うように交渉したが、女性店員はそれには応じなかった。そのため、結局この取引は成立しなかった。

1kgあたり1,300MNTという値段は決して低かったわけではない。しかし、この時彼らが取引に応じなかったのは、ウシの肉をジープの荷台の下に積み、その上にヒツジ・ヤギの肉を載せていたため、ウシの肉だけを売った場合、積み替えに時間がかかると考えたからである。このように金額だけが取引を成立させる要因となるとは限らない。

その後彼らは未完成の舗装道路を通ってバガノールに至り、ウランバートル近郊のナライハNalaihに到着した。ウランバートル市内に入るためには検問を受けなければならず、荷車の登録証とマリン・ビチグを持たない彼らは、ここで肉を売らなければならなかった。

ナライハ付近の道路沿いには、家畜商人が遊牧民たちの車を待ち構えている。しかし、この日ナライハに到着した時、既に12時を過ぎていた。夏に遊牧民が肉を売りに来る時間としては既に遅い時間であった。そのため3～4組の商人しかいなかったが、彼らはそれぞれの商人から買い取り金額を聞き出した。商人たちが提示した金額はいずれも同じであり、1kgあたり1,500MNTであった。

しかし、提示金額が同じであるからといって、どの商人とも同様の取引が成立するわけではない。肉の質の判定と計量において商人によって違いが現れる可能性がある。小売店や市場で肉を購入する場合、部位によって値段に若干の差があるが、こうした商人との取引に際してはどの部位も同じ値段で取引されていた。また、ここでの取引において産地が問題とされることもなかった。モンゴルの場合、肉の品質において問題とされるのは、特に「新しい*shine*」か「古い*huuchin*」か、つまり屠殺してからどれほど時間が経っていたかである。

彼らが最終的に取引を行った商人は、彼らの持ち込んだ肉を見て、1,100MNTで買い取ると言った。これに対して彼らは、さっき1,500MNTだと言ったはずだと交渉したが、商人は「新しい」、つまり質の高い肉であれば1,500MNTであるが、彼らの持ち込んだ肉は「古く」なっていると指摘した。結局のところ彼らはその価格に応じた。彼らはその値段に納得していたようには見えなかったが、輸送に時間がかかったために肉の品質が劣化していた点について否定できなかったのである。

取引の現場においてもうひとつ問題となるのは計量である。一般にモンゴルにおいて、市場など取引の現場では分銅を用いた秤が用いられている。こうした秤は一見してその重さが明らかである。とはいえ、秤や分銅に何らかの細工がされていると疑う余地がないわけではない。商人たちによる計量の際、彼らが家畜を計量した時のメモを取り出し、商人たちが計量する様子を見ながらそのメモとつき合わせていた。その結果、ムルンでバネばかりを用いて計測した値よりも若干軽かったが、それはバネばかりによる誤差の範囲であり、メモと秤の数値の間に大きな違いがないと判断された。最終的にこの商人たちと彼らは取引を行った。

この時、彼らは許可書のない荷車をこの商人の家の庭に置かせてもらうことになった。帰路、彼らはその荷車を再びジープに取り付けて戻ることになる。彼らは、荷車を庭に置いた後、ウランバートルに向かった。ウランバートルに到着した時には13時を過ぎていた。

彼らがウランバートルに来ると、彼らはゲル集落に住む親族の家に自動車を停めて宿泊する。この親族の家はモンゴル国における最大の市場であるナラントール・ザハ Narantuur zah に近いゲル集落にある。通常、彼らはここで1～2泊するとムルンへ帰る。帰路につく日の朝、彼らは家畜の肉を売却して手にした現金を用いて市場で物品を購入し、ムルンに向けて出発する。

III　取引費用の引き下げ方

市場経済が物価の変動を伴うものである以上、いつでもどこでも同額の取引が成立するとは限らないのであり、商人はそうした時間と場所の差を利用して利益を出そうとする。そして確かに、ナライハで出会った商人の交渉術は巧妙であった。肉を1,500MNTで買い取ると言いつつ、結果的に1,100MNTで買い取ることに成功した。

もしそれが相場とあまりにもかけ離れた不当な価格であると遊牧民の側が判断すれば、彼らはより高い値段での買い取りを要求すること、その商人との取引を拒否して別の商人と取引すること、あるいはそう見せかけることによって商人に値段の再提示を促すことも出来なかったわけではない。そして、別の商人と交渉を行うことも可能であったはずである。ただ、肉が「古い」という点で彼らは反論できなかった。実際、屠殺してからナライハに到着するまで相当な時間が経過していた。輸送の遅れにより、通常よりも「古い」肉であったことには違いない。彼らは商人の言い分を認めざるを得なかったのである[8)]。

この事例で見る限り、商人と牧民の間に情報の大きな不均衡が存在するわけではない。彼らは肉の相場を事前にある程度知っていた。彼らはツェンケルの食堂において取引を持ちかけられた際に1,300MNTという値段を提示されていた。仮にそうしたことがなかったとしても、彼らは相場に関する情報を事前に入手していることが通常である。また、彼らの売った肉が、ナラントール・ザハにおいて大体いくらで売られるのかを知っている。それゆえ、ここでの問題は情報がどの程度共有されているのかということではない。

モンゴル遊牧民にとって、市場は物理的に遠かっただけではない。仮に家畜を市場まで運べたとしても、市場が安全に取引を行うことができる場であることを保証するものは何もなかった。私が感じえた限り、遊牧民に限らず多くのモンゴル人は「見知らぬ人 *tanihgüi hün*」や「見知らぬ土地 *tanihgüi nutag*」に対して恐怖心を持っている。*tanih* とは「知っている」ことを表す動詞であるが、例えば *mal tanih* と言えば、「家畜を知っている」、つまり、家畜を識別することができることを意味する。また、*tan'dag*[9)] *hün* と言えば、「知っている人」を意味する。特に、家畜を識別するように、顔を見て識別できる間柄であり、顔の見える関係を前提とする。彼らが「見知らぬ土地」を恐れるのは、「知っている人」がいないことによる。そして、「知っている人」は何らかの便宜を図ってくれることが期待される。もしそうだとするならば、モンゴル遊牧民にとって、市場は「見知らぬ場所」であり、商人は「見知らぬ人」であり、市場は危険な場所であり商人は警戒すべき人物ということになる[10)]。

にもかかわらず、彼らはこうした信頼関係のない相手と取引を行わな

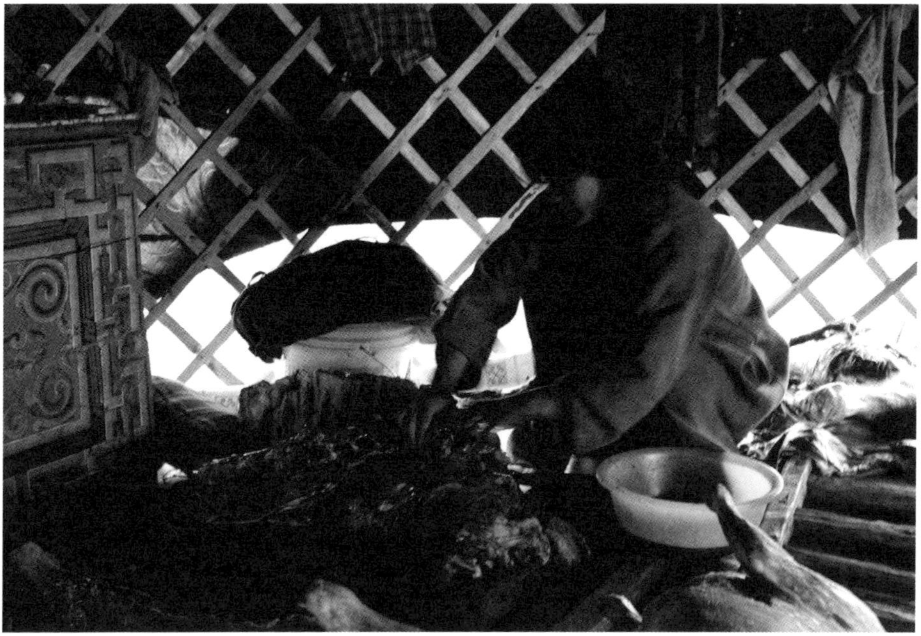

写真4……塩水による処理。2007年8月撮影。

ければならなかった。彼らは、既に屠殺してしまった家畜の肉をムルンに持ち帰ることもできない。そして、家畜を売った現金を持ってウランバートルの市場で生活必需品を買って帰らなければならないため、最低限ウランバートルの市場で生活必需品を買うだけの現金は手にしなければならなかった。肉は刻一刻と「古い」ものになる一方、既に正午を過ぎたこの時点で別の商人が新たにやってくる可能性は低かった。このように、彼らは様々な制約の中で取引を成立させなければならなかったのである。こうした信頼関係のない市場での取引における危険を軽減するために、彼らは、ムルンを出る前に肉の重量を計量し、何人かの商人から値段を聞きだしていた。このように制約の多い中で、彼らは商人が信頼に足るか否かを精査していたのであった。

この商人との取引には後日談がある。2004年8月——私の調査終了と帰国直前の時期であったが——に、この時彼らが私にジープの代金を支払うために大量の家畜を処分することになった。彼らは家畜を屠殺してウランバートルに向かうことになった。前回と同様日没前に家畜を解体し、ジープに肉を積んだ。ただ、前回と異なっていたのは、彼ら自身で計量を行わなかったことである。その代わり、彼らのひとりが、前回取引した商人の名刺を取り出し、この商人と取引をするべきであると主張し、他の人たちもそれに賛成した。結局、ナライハについた時には前回取引した商人たちの姿はなく、名刺に記された電話番号に同行者のひとりが所持していた携帯電話を使ってかけてみたが連絡がつかず、あきらめて別の商人と取引を行った。

結果的には達成されなかったが、このように、彼らは同じ商人との取引を望んだのである。確かに、彼らは最初の取引の時に荷車をその商人の自宅の庭に置かせてもらうことができた。もしその荷車をつけたままウランバートルに行ったとすれば、三たび違反金を払わなければならないところであった。そして、その荷車を帰りに持ち帰ることができた。このことは、その商人に対する信用を増加させたとみることはできよう。それでも、たった１度の取引とこの出来事を以ってその商人と取引を継続しようとするのは短絡的に見えるかもしれない。もし別の商人と取引していれば、1,100MNT 以上での取引が成立した可能性があるからである。しかしながら、彼らにとって取引における失敗が最大限の利益をあげられないことではなく、極端に不利な取引に応じてしまうことや取引自体が不成立になることであるとするならば、前回の取引は成功とは言えないまでも失敗ではなかったのである。だとすれば、彼らは前回取引した商人を「知っている人」として彼らの生活世界の周縁に位置づけることによって不利な取引や取引の不成立というリスクを回避しようとしたと見ることができる。このように彼らは、市場での取引のたびに商人を精査するという高い取引費用を払い続けるかわりに、顔の見える関係を構築して前回の取引を言わば「再現」することによって、取引費用を引き下げようと企てたのである。

Ⅳ　取引相手の固定度と新たな取引費用の引き下げ方の可能性

本章では顔の見える関係を構築するというモンゴル遊牧民の取引費用の引き下げ方を提示した。本章の事例を、内堀の言う「買い手固定度の連続体」における「事実上固定した仲買商」という第一の極［内堀 2007: 131〕の付近に位置づけることは可能である。ただ、本章の事例を通文化的な比較の俎上に載せることで理解したとするならば、それはあまりにも一面的である。

本章が提示した遊牧民の姿はあまりにもぎこちない。このぎこちなさは、彼らにとって売り手としての市場での取引が社会主義体制の崩壊と市場経済への移行という制度変化によってもたらされた事態であると同時に、それが定期的かつ頻繁に行われるものではなく、特に自家用車を用いたそれは、これまであまり経験していない不慣れなものであったことに由来する。そして、モンゴル遊牧民が市場において家畜を売却するための制度、あるいはルールが信頼に足るものではなく、にもかかわらず取引を成立させなければならないという差し迫った局面において、彼らは失敗しない取引の方法をぎこちなく手探りする他なかったのである。

もちろん、こうした手探りを繰り返すことによって、彼らが不慣れな売り手としての取引をより日常的な行為のひとつとして飼いならしていくことは想像に難くない。しかしながら、本章の事例で示した取引を契機として、以後の取引の相手とその方法が必ずしも固定化されたわけではない。3 年後の 2007 年 8 月のことである。私が調査世帯の牧夫の男性とともに外出して宿営地に戻る際、近くを偶然通りかかった食肉会社の社長と出くわした。この社長はヘンティー県東部の遊牧民からウマを買い集め、それを追いながらウランバートルへ輸送する途中であった。飲用水を請うたこの社長を宿営地のゲルに招きいれ、モンゴルの遊牧社会ではしばしばそうするように彼にお茶と食事を提供した。その間、牧夫の男性がこの社長にムルンで家畜を買い取る可能性があるかを尋ねたが、それに対して社長はウランバートルの市場での買い取り価格に対して 1kg あたり 100MNT を上乗せすると返答した。輸送のための経費が掛からず、ウランバートルの市場よりも高値で、しかも不特定多数の見知らぬ商人と交渉することなく売却することができるこの条件は遊牧民にとって魅力的と言えるものであった。最終的にこの取引が実際に成立したかどうかは定かではないが、新たな取引の方法と取引費用の引き下げ方を彼らが企てる可能性はこのように存在していたのである。

［謝辞］
本章は主に2002年度平和中島財団日本人留学生として、モンゴル国立大学大学院地理学研究科への2002～2004年の2年間にわたる留学期間中におこなった調査に基づいている。モンゴル国滞在中、モンゴル国立大学地理学部のチンバト教授、モンゴル科学アカデミー地理学研究所のシーレブアディヤ博士には、モンゴル国における牧畜地理学の分野を教授していただくに留まらず、調査に際して様々な形で便宜をはかって頂いた。また、ムルンの人々の協力なしに調査を遂行することは出来なかった。記して謝意を表したい。

注

1 ―― 郡の中心地ムルンは、モンゴル国の首都ウランバートルから約313km（直線距離で約260km）、ヘンティー県の県庁所在地ウンドゥルハーンÖndörhaanの西約27kmに位置する。同郡の概要については拙稿［辛嶋2007］を参照されたい。

2 ―― 経済相互援助会議 *Ediin Zasgiin Hariltsan Tuslah Zövlöl (EZHTZ)*。モンゴル人民共和国は1962年に加盟している。

3 ―― ルハグヴァスレンによれば、アルハンガイArhangai県ツエンケルTsenher郡において協同組合の解散（1993年）の3年後に「ナイマーチン *naimaachin*」と呼ばれる行商人が見かけられるようになったが、1頭のヒツジをタバコ1箱と交換した遊牧民もいたように、この当時は遊牧民に不利に展開していたという［ルハグヴァスレン 1998: 47］。

4 ―― モンゴル国の通貨トゥグルク *tögrög*。調査当時の換算レートは10MNT ≒ 1JPYである。

5 ―― 1972年以降にGAZ-69型の後継車として製造が開始された。当初はUAZ-469という型番であった（http://www.uaz.ru/eng/company/history/1970/、2009年2月28日参照）。なお、モンゴルでこのロシア製ジープのことを「ジャラン・ユス *jaran yös*」、すなわち69と呼ぶのはGAZ－69に由来する。

6 ―― 彼らがある自動車の燃費を表す場合、100km走るのに必要な燃料量（ℓ）で表す。ちなみにロシア製ジープ（UAZ-469）の場合、100km走るのに20ℓ以下である。

7 ―― 「マリン」は「家畜の」、「ビチグ」は「書類」をそれぞれ表す。

8 ―― なお、2007年に私がムルンを訪れた時、ムルンの人々はこうした「古い」肉として扱われないための手段を講じるようになっていた。それは、解体した肉を塩水で拭きあげるというものである（写真4）。これは私が2004年の調査当時には行われていなかったことであり、こうした塩水による処理がこの2～3年の間に行われるようになったものである。

9 ―― *tanih* の語幹 *tan'-* に習慣や反復を意味する現在時制の形動詞を作る語尾 *-dag*（母音調和によって *-dog*、*-dög*、*-düg* の形をとりうる）が接続したもの。なお、軟音符「'」は一部の母音と、「*h*」を含む一部の子音の前では「*i*」となる。

10—— ムルンの人びとにとって、対人的な信頼関係の崩壊は社会主義体制崩壊後の市場経済と結び付けられるものである。彼らは資本主義経済を象徴する「事件」を記憶している。社会主義時代に設置された電動モーター式の井戸があった。その付近は現在でも春に草が早く萌え出る場所として認識されており、春営地として有用な場所となるはずであるが、現在その場所は春営地としても宿営することが不可能となっている。というのも、その井戸のモーターが市場経済移行間もない時期に盗難にあい、井戸が使用不能になってしまったためである。この事件は「市場経済になって、人の質が悪くなってしまった *zah zeel garaad hünii chanar muudsan*」、あるいは「人の性格が壊れてしまった *hünii ash zan evdersen*」と彼らが言う時、必ずと言ってよいほど言及される語りの一つである。

参照文献

コース、ロナルド・H.

1992(1990)『企業・市場・法』宮沢健一・後藤晃・藤垣芳文訳：東洋経済新報社。

DAMDINSÜREN, Bolyn ba Jargalyn MYADAGMAA

2003 *Mönhiin Ölgii Nutag Mörön Sum Tüühen Tovchoo*. Gan hev. （ボリン・ダムディンスレンとジャルガリン・ミャダクマー『ムルン郡略史』）

ENSMINGER, Jean.

1989 *Making a Market: The Institutional Transformation of an African Society*. Cambridge University Press.

辛嶋 博善

2007 「予測する遊牧民——モンゴルにおける冬営地をめぐる環境の認識と利用」『生きる場の人類学：土地と自然の認識・実践・表象過程』河合香吏（編）、pp.197-238、京都大学学術出版会。

ルハグヴァスレン、I.

1998 「モンゴル遊牧民の 20 世紀」『季刊民族学』85：43-51。

内堀 基光

2007 「金になるということ—イバンとザフィマニリの集落におけるサブシステンス活動と小商品」『資源人類学第 4 巻　躍動する小生産物』小川了（編）、pp.105-135、弘文堂。

第10章

Pàn kung mâ —the Matchmaker of Tabidu

Managing Ambiguous Identity

Elena Gregoria Chai Chin Fern

This chapter is about a prominent male matchmaker who conducts his practices in a Hakka community in a village in Tabidu[1], Sarawak, Malaysia. The Hakkas are one of the major dialect groups in Sarawak, with many of them settling in the administrative divisions of Kuching and Samarahan.

In Tabidu, women play important roles and exert significant influences on marriage. Marriage itself is usually a woman's forte, and she is an active mover in seeing the event done successfully from the beginning until the end. However, there is one male matchmaker who plays an exceptionally active role in marriage matters. He is involved in all stages, from matchmaking, presentation of the proposal, negotiation of marriage, preparation for the actual wedding day, the conducting of rituals and performing ancestor worship on the wedding day itself. Here, he is called the "half male half female" person, or *pàn kung mâ* 半 公 嬷 . He is like a bridge that links two domains, the male's and the female's. With a nickname that connotes to a derogatory meaning, he is able to turn such negative perceptions into one that brings him benefits and good. The factor of gender division and to some extent, gender ambiguity, is not a challenge but to his advantage. This discourse examines the roles of this unique matchmaker, and the significance of his roles in the context of influencing the community in marriage matters and it deals also with the identity perceptions of the village in a field of

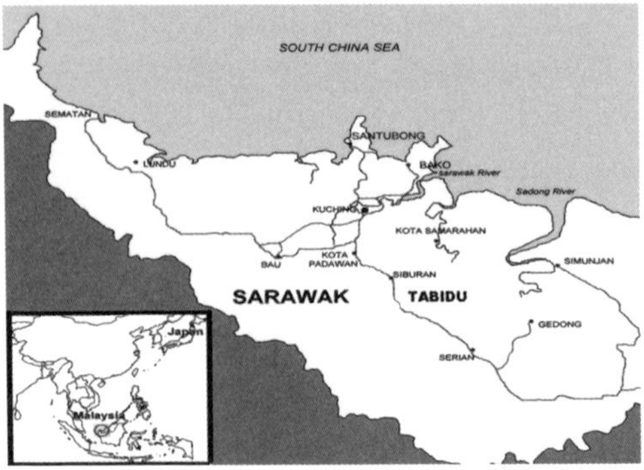

Location of Tabidu village

Old row of wooden shops in Tabidu

Newer shops built from concrete

work presumably dominated by women.

I Concord of marriage in the village

The village of Tabidu is situated about 35 km from Kuching, the capital city of the state of Sarawak. It has a population of around 2500 inhabitants. Hakkas constitute 97% of the population in this village. Tabidu was initially a forced resettlement village, established under Operation Hammer[2)] during the communist insurgency in the 1960s. The people here are mostly involved in agricultural activities such as vegetable farming and animal husbandry, with small scale businesses also operating from homes and shops. Many of the younger generation Hakkas have opted to migrate overseas to work.

Marriage in the Chinese sense is a contract between two families, one family giving away the wife (wife giving) and the other one receiving the bride (wife receiving). Legally, the couple is married after the marriage has been registered according to the law of the Malaysia, Legal Act 1982.

In addition, a process of rites called the "Six Rites" of marriage in the canonical *Li Chi, The Record of Rites* takes place to make the marriage a socially accepted one. Maurice Freedman [1970: 182] wrote that "The sequence of events laid down in the "Six Rites" is essentially the structure of all Chinese marriage in its preferential form, however modified and embellished by custom."

In Tabidu, it is common for a couple to engage in courtship for up to a year before they consider getting married. In this community, a short time period of courtship of less than one year is considered too rushed for marriage to be contracted. Parents from both sides need ample time to know about the backgrounds of respective families, either through the couple, other family members or neighbors. Social gatherings such as dinner are hosted for families to get to know one another.

When the couple has decided to get married, the boy will inform his parents. Usually, the mother receives the news first. Upon the initiation of marriage intention, the mother of the boy will then engage a go-between person to deal with the next processes. Locally, such a person is known as *môi nyîn*.

II *Môi nyîn*

In Hakka terminology, a *môi nyîn* 媒人 is a matchmaker who is engaged to bring two people, known or unknown to one another or their families, to come into agreement for a marriage contract. A *môi nyîn* is engaged by the boy's family. This person will study the compatibility of the couple intending to marry, through detailed analyses of horoscopic data or *pat tshù* 八字 [3]. This process normally helps in choosing the day of marriage, which is an important aspect. Through the help of a fortune teller, the *pat tshù* of both the boy and the girl will be reconciled to avoid any clash or *chhung* 沖 , and this is achieved through the careful selection of a date for the actual wedding day. The primary role of a *môi nyîn* is in fact to match the couple and also the family members. They must be compatible, as in the saying of a prominent proverb, " 木門対木門、鉄門対鉄門 " which translates to "A wooden door pairs with a wooden door, a steel door pairs with a steel door." Upon the successful matching of the couple, the *môi nyîn* then follows up with completing the process of marriage in accordance with the rites of marriage.

III Marriage rites

The initiation of marriage intention and the selection of the actual marriage date are the first two rites of marriage. This is then followed by the subsequent rite whereby the boy, accompanied by his parents and the *môi nyîn* will discuss in more detail with the girl's parents about the fixing of dates for other important events prior to the wedding day, such as the sending of *phìn kim* 聘金 [4] and *ân chhong* 安床 . The proper selection of dates is very important to avoid possible *chhung* which may lead to bad health or bad luck. *Phìn kim* is the fourth rite which is the official presentation of bride price and gifts by the boy's family. This is followed by the next rite *ân chhong*, which means "fixing the bed" that the marrying couple will sleep on, in the hope that they will have offsprings and the marriage is harmonious. The last rite is during the wedding day itself when the bride is transferred to her new home.

IV *Pàn kung mâ*

Marriage in Tabidu is still greatly influenced by the active involvement of a matchmaker or *môi nyîn*. Once considered an ancient practice thought to have died out, it is in fact still very much in demand here. The concept of the practice has withstood time, with changes only in materialistic forms and face saving situations. In the past, a matchmaker matched a couple for marriage. In a modern set-up, a matchmaker does not only become the intermediary to negotiate and meet consensus from both parties for a marriage proposal, but to also discuss *phìn kim* or matters related to materials forms such as gifts and dinner expenses.

Matchmaking is considered the domain of women. To go from one house to another, and to go to and fro to convey the request or desire of the other party, needs a lot of patience, effort and sweet talk. Women in Tabidu have lots of time to assume such role because they are not engaged in any "proper" or full time job. The art of communicating and convincing another party, known as sweet talking in a matchmaking role, is believed to be a non-masculine task. Therefore, men do not fit well into such a role. In terms of social standing, the job of a matchmaker is not considered a high status position in the society as the person acts upon instructions and becomes the messenger between the two families involved.

The marriage rituals in Tabidu are considered a domestic event between two families[5]. Generally, women from both sides of the families get involved intensively and play very active roles. Most of them are women who are already married, or in other words, they are the outsiders to the lineage of their husband's family. They are 'joined' into the family through marriage. They assume respectable roles in ancestor worship. Therefore, the entire process of marriage itself is presumed to be the women's forte.

V Biography of Mr. Bong

Mr. Bong[6] is a 65 year-old matchmaker who has lived in Tabidu for over 38 years. He is the *pàn kung mâ* of Tabidu. He received his primary education in a Chinese school, situated about 24 km from Tabidu. After that, he went to a Chinese boarding school in Kuching for his junior secondary school education. However, the failure of the rubber business owned by his grandfather and family forced him to abandon school two years later.

Mr. Bong is married and has nine children. His wife gave birth to seven daughters before he had a son. Actually, he consulted a fortune teller for help and was advised to adopt a son in order for him to have male descendant of his own. So, he adopted[7] a baby boy and soon after, his wife became pregnant and gave birth to a son. He believes that the adoption was fated which eventually blessed him with his own son.

1 Life as a spirit medium

Mr. Bong was a spirit medium before, a role he became involved in after a life threatening incident. When he was in his mid-20s, he fell sick and was bedridden for a long period. His wife sought the help of a spirit medium from Indonesia, and was told that he had been "caught," not by ghosts but gods. The medium said that he was fated to lead a tough life and must become a medium to help others. A week later, he had a miraculous recovery. From then onwards, he sought and learnt from another medium in Serian[8] and became adept in this practice. He believes that he had answered the callings by the gods and his engagement as a spirit medium was fated[9]. In Tabidu, Mr. Bong's reputation as a spirit medium is attested to by the villagers.

2 A matchmaker

In the beginning, Mr. Bong was doing very well as a spirit medium. As a result, some villagers became envious of his success and began acquiring the knowledge of becoming spirit mediums through learning the art themselves. This, according to Mr. Bong, is a type of forced learning and the person does not have the natural ability to become engaged in a spirit medium's role. Nevertheless, the spirit medium "business" began to thrive in the village. As he disliked competition, he left. Being well versed in marriage rituals also, many resorted to him for matchmaking services. Because of his well known personality in Tabidu, he eventually became engaged in matchmaking services.

Mr. Bong has been involved in matchmaking for over 30 years. He has reputedly matchmade over forty couples. His job as a matchmaker was not easy as he had to try diligently to search for one's partners to fulfill the requests of his clients. He associates it through a rather queer connotation, "If it is easy to become a matchmaker, then everyone can also be one!" Sometimes the marriage did not work out well, and the villagers blamed him. Because of such risks, he is always very careful in the selection process, trying his best to find the most suitable partner for his client.

3 The matchmaking process

Finding a good match involves getting to know the families of both sides well. Usually, Mr. Bong is approached by the mother of the boy for the matchmaking service. The first step involves meeting and sharing views with the boy's family, to have a better perception of the type of girl that may be suitable for the boy. The general idea is to pair two persons of the same physical qualities and outlooks, such as height and skin complexion, in order to ensure the best match. This is akin to matching a pair of sandals! Likewise, the age gap is kept minimal. For instance, someone over 30 years old may be potentially partnered with someone of that same age group, but there are restrictions or conditions when the partner is a widower or a divorcee. When Mr. Bong takes up the role of matchmaker, he confesses that he is very careful with his task and not to do it for money only. He gets paid a small token, given voluntarily by his clients as *fûng pau* 紅包, a red packet containing money inside.

4 Bi-functional personality

As he has previous experiences as a spirit medium, many times Mr. Bong would assume the joint roles of a spirit medium and a matchmaker. Sometimes in the marriage rites, the services of a spirit medium are necessary, and such services differ from that of a matchmaker's. With the capabilities of Mr. Bong, these roles are concurrently performed by him. This quality makes him a versatile person on marriage matters. For instance, ancestor worship is an important aspect in the marriage rite which he can take charge of. He also has vast knowledge on the *pat tshù* and he reads the *thung shu* 通書 well. Thus, he becomes a reliable resource and reference person in the village. With such qualities, he has become a successful matchmaker and very much liked by the people in Tabidu.

I was told of two incidences where Mr. Bong's wisdom helped solve problems related to marriage. In the first case, the grandfather

Mr. Bong inviting ancestors on wedding day

of the bride unexpectedly passed away just before the wedding day. The parents of the groom were at a loss about what to do as all the preparations for the wedding were already in place. They quickly sought the advice of Mr. Bong, who decided that the wedding should go ahead because as a daughter in the family, she has only a minimal role in the funeral of her grandfather. As a sign of respect, the wedding was scaled down and the ceremony was carried out in a less auspicious manner. In another incident, a relative assigned to light up the fire pot or *fó lû* 火爐 [10] was not given a talisman or *phû* 符 to wear. Wearing the talisman is a form of protection against the *sat* (force) of the bride. Mr. Bong, who presided as the matchmaker to the ceremony, helped prepare a *phû* on the spot, and the wedding ceremony went ahead without further glitch.

Mr. Bong preparing a 'phû' 符 on the spot

5 Consequences of feminine role

Unfortunately, Mr. Bong's involvements in activities associated with a female role, especially engaging in negotiations with women and his active roles in matchmaking may have resulted in him losing his dominance as a spirit medium in Tabidu. The latter profession is now dominated by other spirit mediums. As Mr. Bong became more engaged in marriage matters, his position as a spirit medium became less prominent.

Life as a spirit medium involves dealing with the gods, at time requiring that the person enters a state of trance or *lók thûng* 落童. *Lók thûng* is an activity that deals with the gods, and is considered a masculine and heavenly task. Marriage matters, on the other hand, are more earthly. Because of Mr. Bong's deviation from a masculine profession to a more feminine type in matchmaking, he is known as a *pàn kung mâ* within the community.

VI Matchmaker as preserver of traditions

Mr. Bong of Tabidu is a unique case of the dualistic character of a prominent person who engages in socially accepted and important functions of the village. Firstly, he is a man with a large family of his own. In the beginning, his callings from the gods led him to an engagement with the spirit world. In several areas of his life, he was a very successful and respected spirit medium, a vocation dominated purely by men. Over time, he abandoned his spiritual vocation and began to trespass into more feminine roles. Not usual in the line of work for men, Mr. Bong became very adept as a matchmaker. His humble and chance commitment as a spirit medium in the early part of his life helped tremendously in shaping him into more well known and accepted matchmaker, able to undertake the tasks of both professions equally well.

The case of Mr. Bong is an individual development that occurs in Tabidu, which contributed instinctively to the localized branding of *pàn kung mâ*. Such a term may be derogatory, as the definition of one's gender becomes subjectively arguable. However, the title accorded to Mr. Bong is in no sense negative. Viewed from another perspective, he can be described as being successful in engaging himself in the domains of both man and woman. Socially, Mr. Bong's presence, activities and personalities have had great impact on the cultural, community and religious lives of the people in Tabidu. This discourse has outlined the biography of Mr. Bong and his involvement in the religious and cultural undertakings, notably in matters related to marriage. How and why over time, the practice and roles of a matchmaker is still adhered to?

Tabidu is a well developed village, from a humble setting in the early 1960s. The inhabitants here have enjoyed the fruits of development and modernization, in the form of enhanced facilities, better opportunities for education and employment for both males and females. The early history of confined settlement may have instituted a value of togetherness resulting the preservation of certain traditional practices and fellowship. However, a pinch of traditionalism still exists in one of the major life events of a person's life, marriage. An important aspect of a woman's life is marriage. It is however constrained by the need to preserve the virtues of being able to marry before attaining a certain age. The family of the men on the other hand, emphasizes on face values and could not contemplate shame and/or diminishing of family dignity. This is where, in Tabidu, the practice of matchmaker still prevails.

No one in Tabidu has as much spiritual capabilities and influences as Mr. Bong, a spirit medium yet also a versatile matchmaker. Mr. Bong's services to the community encompass many aspects, many of which cannot be performed by others. He is the sole caretaker of the *Thài Pak Kung* 大伯公 , a highly respectable deity with a rich history which the villagers here are proud of. *Thài Pak Kung* is a deity housed in a temple which was built at the original site of Tabidu that the villagers have associated their early history with. Mr. Bong is the sole caretaker of this deity.

As a matchmaker and a spirit medium, Mr. Bong presides over many marriage events and rituals, and is the most prominent figure in the spiritual world of Tabidu. However, his involvements in marriage matters, a field normally dedicated to the female, has granted him a bizarre title, *pàn kung mâ*. His wife is never seen in public. In fact, Mr. Bong may have taken over the roles of the female especially with his involvements in matchmaking and marriage matters. When his service is engaged to preside over marriage matters and rituals, he gets involved from the beginning of the process until the completion of the last rituals during the wedding ceremony. In many instances, he assumes the roles and takes up the tasks of many females, and is always on the tasks on his own. With such little involvement or aid from his wife, the public see very little of her. Furthermore, he has been very proficient in his roles as a matchmaker and a spirit medium. The people in Tabidu see him as embodying the male and female halves of his own successes.

The successes of Mr. Bong in Tabidu have significant influences on the community's acceptance of traditional practices in marriage. It is enthralling to note the impetus of one's personality on the community on marriage issues. Undeniably, the actions and outcomes of a marriage, starting from the proposal initiation to the acceptance of the bride into a new family, are determined solely by the matchmaker. The community of Tabidu has collectively accepted Mr. Bong as the best representative of marriage rituals in the village. Nevertheless, the main efficacy of personalities such as Mr. Bong is the preservation of traditionalistic cultures and values, in the context of marriage. Despite the dual personality tag of "half male, half female," it is his competency in marriage rituals as well as spiritualisms that has helped maintain the traditions of the people of Tabidu.

Notes

1 —— Actual name of the village has been changed to preserve anonymity.

2 —— Operation Hammer was carried out on 1965 to relocate the people who lived scattered in the area, into one place later named as Tabidu. The operation was carried out to curb the activities of the communists and to cut away their contacts with the local people.

3 —— *pat tshù* is the celestial stem (*tiangan*) and earthly branch (*dizhi*) associated with the year, month, day and time of birth［Murphy 2001: 216］.

4 —— *Phìn kim* or bride price is a form of valuable unit, not necessarily money, which is paid or presented to the family of the bride for marriage.

5 —— In Japan, the domains between male and female are clearly divided［Martinez 1998: 7］. Women are generally associated with the inside and private domain of the home and men, with the outside and public domain. The woman's domain remains a paradox as she is, in her roles an inside personality, but in a patrilineal society, an outsider of the family.

6 —— No full name is provided here to preserve the actual identity of the research subject.

7 —— In the past, there was no adoption scheme in place. Many childless couple

paid money to adopt a child. This is akin to purchasing a child.

8 —— Serian is a town situated about 24 km from Tabidu.

9 —— Wolf [1992: 107] also described how people who were fated to become shamans were originally fated to have short, harmless, unimportant lives, but their lives were extended by the gods who possess them in order that their lives may be put to good use.

10 — The bride walks over a pot of burning *phû*, called *fó lû* when she enters the house of the groom on her wedding day. This is to ward of her *sat* or force.

References

FREEDMAN, Maurice

1970 *Family and Kinship in Chinese Society*. Stanford University Press.

MARTINEZ, Dolores P. ed.

1998 *The Worlds of Japanese Popular Culture: Gender, Shifting Boundaries and Global Cultures*. Cambridge University Press.

MURPHY, Eugene

2001 *Changes in Family and Marriage in a Yangzi Delta Farming Community*, 1930 -1990. Ethnology 40(3): 213-235.

WOLF, Margery

1992 *A Thrice Told Tale: Feminism, Postmodernism and Ethnographic Responsibility*. Stanford University Press.

あとがき

内堀先生の還暦を記念して論集を作ろうという本書の企画は、2008年９月に立ち上げられた。執筆者、出版社はスムーズに決まったものの、肝心の原稿がなかなか集まらず、当初の予定では2009年９月の出版を目指していたものが、大幅に遅れることになってしまった。2008年に還暦を迎えられてからすでに１年以上が過ぎてしまい、先生もいまさら何事かと怪訝に思われるかもしれないが、とにもかくにもようやく完成までこぎつけることができた。執筆の過程では、大阪大学コミュニケーションデザインセンターの池田光穂先生から、一つ一つの論考に対して貴重な助言をいただいた。池田先生には、この場を借りて執筆者一同よりお礼を申し上げたい。

本書のための原稿を執筆しながら気づいたことは、私たちの思考の根っこの部分に、大学院生時代に内堀ゼミで読んだ文献や、そのときに先生がタバコの灰を落としながら仰ったことが、しっかりと絡みついていたということである。私たちは、良いときは悪い、悪いときは良いと言うような、先生の「あまのじゃく」な反応に翻弄されながらも、どっしりと人間を見据え、流行り廃りにとらわれない down to earth な研究を志す先生の一貫した姿勢を学んできたように思う。先生から学んだことがどれだけ実を結んでいるのかは不確かだが、その教えに影響を受け、あるいは「誤読」しながらやってきた一つの成果を、ここに感謝の気持ちとともに捧げたい。

2010年２月
共編者

執筆順

梅屋 潔　1969年生まれ　神戸大学大学院国際文化学研究科准教授
「ウガンダ・パドラにおける『災因論』―*jwogi*、*tipo*、*ayira*、*lam*を中心として」『人間情報学研究』第13巻、pp.131-159（2008年）。「ウガンダ・パドラにおける『災因論』―現地語（Dhopadhola）資料対訳編」『人間情報学研究』第14巻、pp.31-42（2009年）。

西本 太　1972年生まれ　総合地球環境学研究所プロジェクト研究員
「周辺社会における居住空間の歴史変動」『地域の生態史』（クリスチャン・ダニエルス編、弘文堂、2008年）。「塩なめ沢の精霊―平地に移住したラオス山地民族の水との付き合い方」『水と文化』（秋道智彌ほか編、勉誠出版、2010年）。

山口 裕子　1971年生まれ　吉備国際大学非常勤講師
『インドネシア・ブトン社会における歴史語りの社会人類学的研究』（一橋大学提出博士論文、2008年）。「地方社会のムスリム食事情―岡山県におけるハラール食品の製造と流通」『日本のインドネシア人社会』（奥島美夏編著、明石書店、2009年）。

渥美 一弥　1954年生まれ　自治医科大学医学部総合教育部門准教授
「『情報』としての『民族』―カナダ・サーニッチの政治経済的状況」『北海道立北方民族博物館シンポジウム報告書』（2005年）。「『資源』としての民族誌的『情報』―カナダ・ブリティッシュ・コロンビア州先住民サーニッチの教育自治と『文化』復興」『立教アメリカン・スタディーズ』第30巻、pp.36-76（2008年）。

吉田 匡興　1970年生まれ　桜美林大学国際学研究所研究員
「呪文の成り立ち」『宗教の人類学』（石井美保・花渕馨也と共編著、春風社、2010年刊行予定）。

奥野 克巳　1962年生まれ　桜美林大学リベラルアーツ学群教授
『「精霊の仕業」と「人の仕業」：ボルネオ島カリス社会における災い解釈と対処法』（春風社、2004年）。『文化人類学のレッスン：フィールドからの出発』（花渕馨也と共編著、学陽書房、2005年）。

中野 麻衣子　1970年生まれ　松陰大学等、非常勤講師
「バリ島村落社会における芸能集団の組織化とその実践―アダットとビスニスを中心に」、『哲学』第107集、pp.61-104（2002年）。「バールとゲンシー―バリにおける資金集め活動と消費モダニズム」、『くにたち人類学研究』第2巻、pp.42-68（2007年）。

深田 淳太郎　1977年生まれ　日本学術振興会特別研究員（PD）
「つながる実践と区切り出される意味―パプアニューギニア、トーライ社会の葬式における貝貨の使い方」『文化人類学』第73巻4号、pp.535-559（2009年）。『経済からの脱出』（織田竜也と共編著、春風社、2009年）。

辛嶋 博善　1974年生まれ　東京外国語大学アジア・アフリカ言語文化研究所ジュニア・フェロー
「予測する遊牧民―モンゴルにおける冬営地をめぐる環境の認識と利用」『生きる場の人類学』（河合香吏編著、京都大学学術出版会、2007年）。「出産期におけるヒツジ・ヤギ群の管理―モンゴル国ヘンティー県ムルン郡の事例」『日本モンゴル学会紀要』第38号、pp.65-75（2008年）。

エレナ・グレゴリア・チャイ　1975年生まれ　マレーシアサラワク大学社会学部講師
"Better Off Not Working: A Case Study of Hakka Women in Tapah Village, Sarawak." *Journal of Malaysian Chinese Studies* Vol. 10, 2007: 71-82. "Mind Your Age: Why Hakka Women Marry Young?" *The Sarawak Muzeum Journal* Vol. 85, 2007: 165-182.

人(じんかん)＝間の人類学
――内的な関心の発展と誤読――

中野麻衣子／深田淳太郎　共編

2010年3月31日初版第1刷発行

発行所　株式会社 はる書房
〒101-0051　東京都千代田区神田神保町1-44駿河台ビル
Tel. 03-3293-8549　Fax. 03-3293-8558
振替 00110-6-33327
http://www.harushobo.jp/

落丁・乱丁本はお取替えいたします。
印刷・製本　早良印刷　組版・デザイン　エディマン

ISBN978-4-89984-113-5 C0039